# 算数と国語を同時に伸ばす方法

ARITHMETIC AND NATIONAL LANGUAGE

宮本算数教室主宰
宮本哲也

小学館

# 算数と国語を同時に伸ばす方法

# まえがき

私は都内某所で算数の教室をひとりで細々と営んでおります。訳あって、六年生だけ国語も私がみていますが、算数と国語の学力が極めてアンバランスな子が少なくありません。

算数の授業では、どんな難問にも食らいつき、答えが出ても時間がある限り見直しを続けられる子どもが、国語の授業では、人格が入れ代わったようにいい加減なことをやり出します。スイッチがオンからオフに切り替わるように、目付きも顔付きもがらっと変わってしまうのです。

子どもの言い分はこうです。

「算数は解き方も答えもちゃんとあるけど、国語にはそれがないので、面白くない」

算数と国語の偏差値が三十くらい離れている子も珍しくありません。

「国語の選択問題はくじ引きみたいなもので、当たることもあれば、外れることもある。記述は思いついたことを書くだけで、それで点数がもらえることもあれば、もらえないこともある。やっぱりくじ引きみたいなものだ」

と、本気で思っているようです。公明正大な中学入試がくじ引きのはずがありません。

国語にもちゃんとした解き方、正解があります。国語の問題も算数の問題と同じように論理的に考えれば正解にたどりつくことができるのです。

国語はまあまあできるが、算数ができない子についてご相談を受けることがあります。こういう子は、国語の問題を感覚で解いていることが多く、算数も感覚で解こうとします。四年生ころまでは、感覚でなんとか解けていた国語も、高学年になると、それでは対応できなくなります。

そこで、国語の問題を理詰めで解くように勧めます。そうすれば算数もできるようになります。

算数の単元に「推理・論理」があります。中には数字がひとつも出てこない問題もあります。

中学入試の国語は、実は算数の「推理・論理」と同じなのです。なんとかして国語を算数のように解かせたいと考え、国語の授業に推理パズルを取り入れることにしました。推理パズルを解くためには、問題を何度も読み返し、可能性のないものを順に消していかなければなりません。簡単に正解を選ぶことなどできません。算数が好きな子はそれが当たり前のようにできます。

私の国語の授業では、冒頭で推理パズルをやったあと、中学入試問題（高校入試問題を使うこともあります）の国語の問題を「これは推理パズルだ」と言って解かせます。すると国語の成績が算数の成績に追いつくようになります。一年あれば十分です。本書で「算数と国語を同時に伸ばす方法」を具体的に紹介します。この本が少しでも皆さんの参考になれば嬉しく思います。

装丁・本文デザイン　清水肇（プリグラフィックス）

# 第一章

# 大前提　算数も国語も自分の頭で考える

## 「宮本算数教室」は、教えない教室です

私が主宰する宮本算数教室については、すでに『強育論』『超強育論』などで書かせていただきましたが、「そんな教室、名前も知らない」という方が多いと思います。そこで、はじめに私の教室のことを簡単にご紹介します。

私の教室では、小学三年生から六年生の子どもたちが算数を学んでいます。開校は一九九三年です。それまでは、大手進学塾で算数を指導していました。独立の理由は、企業の視点から完全に離れて、私の考える理想の教室をやってみたいと思ったからです。さまざまな人に助けられ、二〇一三年五月に開校二十周年を迎えました。

私の教室には、一般的な学習塾とは違うところがたくさんあります。

まず、指導者は私だけです。三年生から六年生まで一学年二十人の生徒を私が一人で受け持ちます。授業は土日しかやりません。

また、多くの学習塾では入室テストを行って子どもをふるいにかけていますが、私の教室では入室テストを行いません。以前はファックスの先着順で入室希望を受け付けていました。しかし、名簿作りで毎年へとへとになるため、メールでの受け付けに変更しました。

とはいっても、ただの先着順では面白くありません。事前に登録してもらった入室希望者に向けて、一斉にパズルを送ります。これは親が解きます。そのパズルが解けたら、答えを送ってもらい、正解順に二十名を受け付けます。入室条件は「算数が大好きな子ども」であることだけです。

事前の面接もないため、主宰者の私にもどんな子どもが入ってくるのか、三年生の最初の授業が始まるまでわかりません。

ふたを開ければ、いつも決まってバラバラです。ツブぞろいになることはありません。毎年、賢い子どもと、「何のためにこの教室に来たのだろう？」と思うような子どもがクラスに混在しています。

授業では、私が作った問題を出し、子どもたちは自力でそれを解きます。授業開始の時刻になったら、私は無言で黒板に問題を書き、子どもたちはそれをノートに書き写し、制限時間が来るまで自分の力だけで問題に取り組みます。その間、基本的にはこちらからヒントを与えることはありません。

学校の授業や普通の塾では、まず先生から説明があって、それから問題に取り組みますが、私の教室では逆です。子どもたちはいきなり問題に向き合います。

「今日は速さの求め方を学習します。速さは距離÷時間で求めますよ」などという説明も一切ありません。カリキュラムを発表していないので、子どもたちは予習もできません。「今日は一体どんな問題が出るんだろう?」と緊張感いっぱいの表情で、授業が始まるのを待ち受けています。

どうしてこんなやり方をしているかというと、私の教室は「算数教室」であって、「計算教室」や「公式暗記教室」ではないからです。

算数という教科で一番大切なのは、自分で解き方・組み合わせ方を考えることです。四則計算(たし算、ひき算、かけ算、わり算)ができることも大切ですが、計算ができても、また暗記した公式通りの手順で問題が解けても、解き方を理解し自分の頭で考えることができなければ、算数をやる意味はありません。

計算そのものはコンピューターや電卓で間に合います。私はコンピューターのような子どもを増やすために教室を開いたのではありません。子どもたちが本気で算数に取り組み、真剣に考え、自分の力で伸びていくことができる場を作ろうと、この教室を開いたのです。

生徒の親からの相談はいつでもメールで受け付け、定期的な面談日も設けていますが、「うちの子だけ特別に教えてほしい」「ついていけないので、補習日を設けてほしい」といった要望は、一切受け付けません。

教室で、置物のようにボーッとしている子どもの親が、「うちの子は大丈夫でしょうか？」と相談してきたら、「目障りなので、やめてください」と、はっきり言います。

親がやめさせたくても、子ども自身が「みんなについていけてないけれど、やめたくない」と言う場合は、「好きにしなさい」と放置します。すると、私が何も手をかけていないのにもかかわらず、勝手に伸びて、思ってもいなかったような、レベルの高い学校に受かることもあります。

宮本算数教室とは、そんな場所です。

不親切な教室だと自分でも思います。

でも、このやり方だからこそ、考える力のある子どもは伸び伸びと学び、「なんでこの子はここにいるのだろう？」と放置していた子どもが、いつのまにか自分の中に隠れていた力を伸ばしていくのです。もし私が子どもに親切なお膳立てをして勉強させるような指導者なら、子どもたちの考える力はそれほど伸びないでしょう。

先着順でやって来た子どもたちの多くは、小学校卒業後、大手進学塾のトップクラスの子どもたちが目指している私立・国立中学校に進学しています。「計算」や「暗記」ではなく、「算数」に全力で取り組んできた子には、中学受験はそれほど難しいことではないのです。

どんな子どもも自分でとことん考える習慣を持つことで、考える力を伸ばし、自分の人生を良い方向に導くことができると私は確信しています。

## 算数ができれば、国語もできる

算数を専門とする宮本算数教室ですが、六年生にだけは国語の授業も行っています。それには理由があります。

教室を開いた年は、初め算数だけを教えていました。その年の六年生は三人で、全員他の進学塾と掛け持ちでした。私は、国語はそっちで十分やっているだろうと思っていました。

しかし、ある日ふと「国語は本当に大丈夫なのか？」という疑問が浮かんできました。「進学塾に行っていても、算数ができるようになるとは限らないのだから、国語も安心できないのではないか？」

試しに国語の入試問題をさせてみると、思っていた以上に算数との違いがありました。よく算数のできる子は国語ではいいかげんな解答しか書けず、算数ではパッとしない子が国語では高い点数を取れていました。

算数で頭を使っている子は、国語でも頭を使い、成績もいいだろうという私の読みは、大はずれでした。進学塾では、決して頭の悪くない子どもにも、国語の問題を解くための指導が全くなされていませんでした。

そして何よりも、算数と国語の学力の差に、私自身が気づいていなかったことがショックでした。私立中高一貫校は、偏差値ではなく、その子の適性で選ぶべきだと親に言いながら、私自身が子どもの国語の適性をよくわかっていなかったのです。

幸い、国語が全然ダメだった子どもも第一志望の学校に入学できましたが、この学年での経験は良い教訓になりました。子どもの個性と学校の相性を見極めるには、算数だけでは無理だったのです。それで翌年以降は、六年生には中学受験の準備として、国語の授業も行うことにしました。

「国語が苦手な子を、トップ校の入試問題が解けるレベルにするのに、それで間に合うのか？」と思う人もいるかもしれません。

それに対する私の答えは、「算数を自分で考えて解くことができる子なら、国語も自分で考えて解くことができます。だから、一年あれば間に合う」です。

今度は、「算数と国語は全然違う科目なのに？」と言われそうですね。

確かに算数と国語は違う科目です。でも、算数と国語の入試問題を解くのに必要な能力は同じです。

それは、問題を読んで、示された条件を整理する力、何が問われているかを理解する力、それを駆使して正解にたどり着く力です。これらがあれば、超難関校の算数の問題も、国語の長文問題も、自分の力で解くことができます。

## 算数ができて、国語ができない理由

それなのになぜ、算数が得意で国語が苦手な子どもがいるのでしょうか？

理由は簡単です。その子どもは、算数には興味があって、国語には興味がないのです。人間は誰でも興味がないことをやると、つまらないと感じます。そして、つまらないことをやる時間は、少しでも短くしようとします。これは人間の自然な行動と言えます。

国語に興味がない子どもも、国語の問題をつまらないと感じ、とにかく早く終わらせようとしています。早く終わればいいので、問題文や設問をしっかり読んで、何が書いてあるのか読み解こうという気持ちがありません。パッと目についた言葉を選んで、さっと答えの欄を埋めてしまいます。

早く終わらせることができれば本人は満足なのですから、書いた答えを読み直すこともしません。制限時間よりも早く終わったら、残りの時間はただボーッとしています。もちろん答え合わせをするとバツばかりです。でも、本人は真面目に考えて解いていないので、「くやしい」とも思いません。まるで他人事のような顔をしています。これでは国語の成績が悪くて当然です。

私の教室では、そういう子どものために特別に何か指導をすることはありません。ただ、「こんな答案を書いたヤツがいる」と、いいかげんに書いた答案をみんなの前で読み上げます。本当にひどい答案なので、他の子どもたちは思わず笑ってしまいます。答案を書いた子どもの名前は言いませんが、その子だけが一人で赤くなっています。「そんなことをされたら、子どもがかわいそう」と思う人もいるでしょう。でも、その子の国語の成績を上げるには、それが一番いいのです。

興味がないことはすぐに忘れてしまうので、国語に興味がない子どもにこそ、間違いをその場で指摘することが大切です。また、みんなに笑われて恥ずかしい思いをすれば、私がその子に直接何かを言わなくても、少しは真面目に国語に取り組むようになります。次は笑われないように、他の子どもたちがどんな答案を書いてほめられているのか、注意して授業を聞くようになるのです。

元々考える力がないわけではないので、本人の心がけが変わってくると、みるみるうちに国語の答案の内容が変わってきます。今まで考えずに答えの欄を埋めていた子どもが、一つの問題の答えを何度も書いたり消したりするようになります。自分で考えて書いた答えが間違っていたら、くやしいと感じるようにもなります。

国語の問題を算数と同じくらい真剣に取り組むようになると、その子の国語と算数の偏差値の差は前よりも小さくなってきます。本人も「国語ができるようになった」という手ごたえを感じます。

ここまで来れば、問題を解いているときに、「今日の問題は面白い」「この問題文の続きが読みたい」と感じる余裕も出てきます。少しずつ国語が面白くなりはじめているのです。

真剣に取り組めばできるのに、小学生の時点で国語と算数の成績に落差があるからといって、「この子は国語がダメ」「ぼくは国語ができない」と決めつけてしまうのは、もったいないことです。

国語が不得意な子どもは、中学受験に限らず、高校や大学の受験でも苦労します。文系の大学受験では、国語は必須科目となっています。理系でも、国立大学では国語で点数を稼いでおかないと合格できません。理系を選ぶ学生はだいたい数学が得意なので、数学で高い点数をとってもライバルに差をつけることは難しいのです。そのような中で勝ち上がるには、数学だけでなく国語も得意な生徒の方が圧倒的に有利です。

本当はできるはずの国語ができないために、自分の希望する進路に進めないのは不幸です。算数の得意な子どもであれば、国語を得意科目にすることは簡単なのです。

## 「暗記力」は考える力ではない

「算数ができれば国語ができる」といっても、「算数の成績が良ければ、国語の成績が良くなる」ということではありません。「算数で考える力を高めていれば、国語の読解問題なども自力で解けるようになる」ということです。

矛盾しているようですが、学校の算数の成績で、子どもが考える力を育てているかどうかを知ることはできません。幸運にも、担任が算数教育に熱意のある先生で、指導に工夫をしている場合は別ですが、そうでなければ算数の成績が良くても悪くても、「考える力」とは直接関係がないと思った方がいいでしょう。学校の通知表についている◎

○△などは参考程度として見るべきです。

学校の成績が信頼できない理由の一つは、テストのやり方です。

一般的な小学校では、一つの単元が終わるたびに、まとめのテストを行います。このテストは、単元で学習したことが身についているか確認するという目的で行われるものです。そのため、基本的には授業でやったことしか出題されません。教科書に書いてある手順でやれば解ける問題では、子どもに暗記する力があり、計算ミスさえしなければ、満点が取れます。

考える力が伸びているのかどうかは、そんなテストでは判断がつきません。教科書に出てこないタイプの問題を、点数外のおまけとしてつけているテストもありますが、その場合は、点数よりもおまけの問題が解けているかどうかに注目した方がいいでしょう。

学校の成績をつける際の材料となるノートも、考える力を見る材料としては、あまり信用ができません。きれいにノートを取っていても、教師が黒板に書いたことをきれいに書き写しているだけ、ということが多いようです。小学校の教師は板書をわかりやすく書く指導を受けている上、子どもたちに「はい、ここを書き写してください」と丁寧に教えるので、教師の指示通りに動けば、何も考えず授業を聞いていても、きちんと理解できているようなノートができあがります。

でも、私に言わせれば、きれいなノートなんて、授業中に自分の頭で考えていないことを証明するようなものです。自分の力で問題を解いていると、ああでもない、こうでもないとノートに数字や文字を書き連ねるため、ノートは必ずぐちゃぐちゃになります。きれいにノートを取ることではなく、問題を解くことに集中していれば、字も雑になり、読みにくくなるものです。

それなら、塾の成績なら信頼できるかといえば、必ずしもそうではありません。塾に行くと、より多くの問題を解き、解き方のパターンをすっかり覚えてしまいます。多くのパターンを覚えることで、多くの問題をより短時間でこなすことができるようになりますが、これも手順を暗記しているだけの話です。

問題を解く手順をいくらたくさん覚えても、自分で考える力が高まるわけではありません。むしろ、逆です。暗記がうまくいって模試などでいい点数を取ると、「このやり方でいいんだな」と自信をつけてしまい、自分の頭で考え、問題に挑戦する意義をあまり感じなくなります。

そうなってしまうのが、一番やっかいです。目の前の問題に対し、過去の問題で見たパターンを当てはめ、自分で考えることをしないで済ませようとするクセが、算数以外の科目にもおよんでしまいます。

私はこのタイプの子どもたちを、大手進学塾で講師をしていた時代にたくさん見てきました。彼らには「難しい問題でも、自分の力で解いてやろう」という発想がありません。ちょっと考えてわからなかったら、すぐに解説を見て、問題を解く手順を覚えようとします。それが彼らにとっての「学習」なのです。

このような、自分で考えないクセがついている子どもが、私の教室に入ってくることもあります。自分で考えた経験があまりないので、初めのうちは一つの問題にじっくり向き合うことをストレスに感じてしまうようです。

私の教室では、出される問題をパターンに当てはめることができません。途中でヒントを出すこともしません。手探りで道を進むように、自分で解き方を考えなくてはなりません。今までパターン処理で問題を解いてきた子どもの脳には、それが非常に重い負担となります。

その子どもの親から「うちの子どもは先生の教室に通い始めてから、家で勉強中にイライラすることが多くなったように思うのですが、大丈夫でしょうか?」と相談されることもあります。そういうときには、「今まで何人もそういう子がいたけれど、みんなしばらくすると治りました。おたくのお子さんも心配しなくて結構です」と答えます。実際、イライラが治らなかった子どもはいません。

今まで頭を使う問題に真剣に向き合ったことがない子は、できないということを経験していないため、そのような問題を前にしたときに、どうしていいかわからないのでしょう。考えを温め、あーでもないこーでもないと頭をフル回転させることに慣れていないので、思い通りに解けない自分に苛立つのです。

筋肉を使うと筋肉疲労が起こるように、脳の普段使っていない部分を使うと一時的にイライラが生じるのでしょう。適切なトレーニングによって筋肉痛になりにくくなるのと一緒で、脳もだんだん使うことに慣れてくるようです。

考える力は、人間に元々備わっているものです。筋肉と同じように、考える力は使わないと弱くなり、強い負荷を与えれば強くなります。また、ランニングで鍛えた脚力がサッカーや野球に生かされるように、自分で鍛えた力は算数に限らず他の分野でも生かすことができます。

ビジネスの世界では「今の新入社員は自分で考えて動かない」「指示を待ってばかりいる」などと言いますが、自分で考えるトレーニングをさせないまま、子どもを社会に送り出すのが間違っているのです。

## 「計算力」も考える力ではない

「暗記で問題が解けても、考える力はつかない」ということに、反対する人はいないと思います。

では、「計算問題ばかりやっていても、学力はつかない」はどうでしょうか。これには反対意見がかなり出るかもしれません。

日本人の教育観には「読み書きそろばん」という言葉がしっかりと根を張っています。そのため、「小学生が計算問題をたくさんやるのはいいことである」と思っている人が、少なからずいるでしょう。

単純な計算式がずらりと並んでいるプリントを毎日配り、朝の短い時間にやらせている学校もあります。それがまた保護者には大変評判が良いようです。でも、私にはなぜそんなに子どもたちに計算をさせたいのかわかりません。

クラスの子どもたちを静かに座らせるためでしょうか。それが目的なら、読書など別の方法にしてほしいと思います。

計算問題をやらせることで、教師には何かメリットがあるとしても、子どもたちに与える悪影響が心配です。単純な計算問題は、子どもにとって楽しいものではありません。

苦痛と言っていいでしょう。

みなさんも子どものときに計算プリントをやらせられると、「イヤだなあ」「面倒くさいなあ」と思ったのではないでしょうか？

今の子どもたちにも単純な計算は楽しくなく、計算ドリルをやるのは面倒くさいのです。単純な計算問題が楽しくないのは、いつの時代にも変わらない真実であると断言できます。

楽しくない理由は、頭を使って考えなくてもできるからです。考えなくてもできる問題ができても、「やった！」という達成感を得ることはできません。得られるのはせいぜい、「やれやれ、面倒なことが片付いた」という安堵感です。

他の子どもと計算のスピードを競っていれば、「やった、勝った」と喜びの声を上げることもあるでしょう。でも、それは考える力がついた、算数ができるようになったということではありません。

計算問題に取り組むことで集中力が高まるとも言われますが、私はそうは思いません。同じような問題をいくつもいくつもやっていると、次第に集中力は落ちます。難しい問題に三十分以上集中して取り組むことができる子どもも、簡単な計算問題をしていると、五分もしないで飽きてしまいます。

そして、「あー、つまらない」と思いながら計算問題をやっていると、すぐにミスをします。親はそれを見て、「どうしてこんな簡単な問題でミスをするの？」と言いますが、簡単でつまらないから間違えるのです。

楽しくない計算をやらされ、つまらないミスをして親にしかられるのでは、子どもが「算数ってイヤだな」と思っても仕方ありません。

つまり、計算問題をたくさんやらせる学習法は、算数が嫌いな子どもを作る学習法なのです。

学校の計算ドリルに飽き足らず、計算プリントをどんどん出す学習塾に子どもを通わせている親もいます。そんなに計算ばかりさせて、わが子をとことん苦しめたいのでしょうか。

「うちの子は、計算が好きだから大丈夫」と思っている親は、子どもの気持ちを読み取ろうとしていないのです。

「こんな計算問題なんてつまらないもの、やりたくないよ」と正直に言っても、「どうしてそんなことを言うの？　あなたのためなのよ」と言われてしまうことが、低学年の子どもにも想像できるはずです。子どもは弱い立場の人間ですから、親に調子を合わせるくらいのことは上手にやります。

あるいは、何も考えず機械的に手を動かすだけで、たくさんの○がもらえる計算問題で、ストレスのたまった心を癒やしているとも考えられます。計算問題を真面目にやっていれば、親から「よく頑張っている」という評価がもらえることがわかっているから、計算さえしていれば安心です。

そういうことなら、あなたの子どもの「計算が好き」という言葉は、ウソではないかもしれません。

それで、あなたはこれからも計算問題をたくさん与えて、かわいいわが子の心を癒やしてあげたいと思いますか。

## 算数の目的は考えること

考える力をつけるべきだと言い続けていると、「では、どうやったら考える力をつけられるのですか」と質問されます。

そんなとき私は、「私が作った算数パズルをやってください」と言います。

これは冗談ではありません。

算数パズルを解くことは、考えるトレーニングになります。単純な計算問題とは違い、パズルは機械的に作業するだけで答えが出せるものではありません。問題のルールに従い、数字を選び、手を動かし、推理していくことで、少しずつ答えに近づいていきます。

大人にも算数をもっと楽しんでもらい、算数のイメージを変えたいと、これまで私はさまざまな算数パズルを作ってきました。私の作った算数パズルの本は欧米やアジアでも刊行され、大人のパズル愛好者が楽しんでいます。

はじめは「算数パズルは、パズルなので、算数ではない」とも言われました。世間には、パズルは不真面目、算数は真面目というイメージがあるようです。

でも、算数の難しい問題を解くことは、パズルを解くことと変わりがありません。私の教室では、三年生のクラスで、本格的な算数に取り組む前の考えるトレーニングとして、算数パズルを取り入れています。

パズルのいいところは、「考えることは、楽しい」と、子どもにも感じられることです。世間には「考えることは、つらい」という先入観があるようですが、見た瞬間に答えがパッとわかってしまうようなパズルでは、楽しくありません。なかなか答えがわからずに迷い、考えている時間が楽しいからこそ、パズルという遊びが世界中で愛されているのです。全く考えないでスラスラ解けるパズルは、パズルとは言えません。

算数もそれと同じで、自分の頭で問題を解くこと自体を楽しまない限り、それは算数ではありません。時間がかかっても、自分で解き方を考えることを徹底的にやるのが第一で、入試本番以外は、点数は二の次でいいのです。時間が長くかかり、結局答えが出なくても、自分で考えることを楽しんだ子どもの方が、暗記で正答した子どもよりも、算数を正しく学んでいると言えます。

もし算数を学ぶ目的が百点を取ることなら、解答までの手順をどんどん暗記した方がいいでしょう。たくさんの問題を解く手順を暗記すれば、その中のどれかと似た問題が出てきたら、確実に点数を取れます。

でも、そんな風なやり方で問題をたくさん解いても、算数が楽しくなることはありません。

結果だけわかっても楽しくないという意味で、読書と算数はよく似ています。本を読むのが好きな人は、読むこと自体を楽しみ、ページを繰りながら「次はどうなるんだろう」と、わくわくしています。

長い本を読んでいて終わりに近づくと、「この世界にもっとひたっていたいのに、あと少しで終わるなんて、なんだか寂しい。もったいないから今日はここで止めよう」と思うことはないでしょうか。

私の場合、ものすごく難しい算数の問題を解いているときに、同じようなことを感じます。

難関校の算数の入試問題には、私でも正答までに何時間もかかるような、見たこともない超難問があります。そんな問題を入試の制限時間内に解ける子どもがいるとは思えません。受験生への挑戦状として、名門校のプライドを賭けて、あえて難しい問題を出しているのでしょう。そういう挑戦的な問題の前では、三十年以上算数にかかわっている私でさえ、「よくこんな問題を思いつくな」と感心させられます。でも、そのうち問題の仕組みがわかり、あとは計算だけという段階になると、まるで長い小説を読み終わる直前のように、寂しい気分になります。

また、初めて登山をしたとき、登山は算数と似ていると感じました。

私はダイビングが趣味で、世界各地の美しい海に潜ってきましたが、山登りをしたことはありませんでした。登山が趣味の友人に、「海の方が絶対に楽しい」「わざわざ苦労して高い山に登るなんて意味がわからない」と言っていたら、「だまされたつもりで一度山登りしようよ」と熱心に誘われ、ついに山に登ることになったのです。

そんな私が山に行ってみると、意外や意外、歩くごとに変わる景色の面白さにすっかり魅了されてしまいました。「そこに山があるから」とは、エベレストで遭難したイギリスの登山家ジョージ・マロリーによる名言ですが、山があれば登りたくなる人の気持ちが、私にもなんとなくわかりました。

もし私がヘリコプターで飛んでいって山の頂上に降ろしてもらっていたなら、頂上からの美しい景色を見たとしても、そのような気持ちにはならなかったでしょう。それは、頂上までの過程を経験していないからです。

山道を一歩一歩、自分の足で登り、頂上に着いたときの達成感は、山登りを経験した人でないとわからないでしょう。下りは上りと景色が全く違うので、また別の楽しみ方ができます。ふもとに戻ったときの充実感は、頂上に着いたときの達成感と同じくらい大きいものでした。

山登りをするときには頂上を目指してはいけません。

たとえば頂上まで四時間くらいかかる山に登るとします。遠くにおぼろげに見える山頂を見つめながら登るのでは、いくら歩いても、ちっとも頂上に近づいた気がしません。

「何分経った?」

「十五分」

「えー！　あと三時間四十五分も登るの!?」

これだと楽しくありませんよね。

頂上のない山はないので、目の前にあるものを楽しんで歩き続ければ、そのうち着きます。

「きれいな花だね」

「鳥の鳴き声が聞こえる。きれいな声で鳴くね」

「空気がおいしいね」

全身で山を感じ、面白がりながら登ると
「あ、もう着いた！　気持ちいいね！」

となるはずです。


算数も、面白がることが大切です。問題に向かうときも、すぐに答えにたどり着こうとしてはいけません。「ああ、まだ答えが出ない！」と気持ちが焦り、イライラします。途中で投げ出すか、適当な答えらしきものを出して、終わりにしたくなります。そうではなく、問題をいじる。いじり倒すつもりで取り組みましょう。

「さて、どこから崩そうかな」

「ここかな。違うなあ」

「こっちか。あ、ここが出た！　すると、ここも出るな」

「お！　これが答えかな」

「こっちからやるとどうなるんだろう。あ、同じ答えになった！」

「他のやり方はないかな。あ、こっちからも解けるな。同じ答えが出た！」

一つの問題に対して、二通り、三通りの解き方を試みて、答えが一致すればそれは正解です。答え合わせの必要はありません。

つまり、算数は山登りと同じなのです。誰かが考えた手順で点数を取るのは、ヘリコプターで山頂に送り届けてもらった人が「山に登った」と言うのと変わりません。たとえスピードは遅くても、自分の力で一歩一歩進んでいけば、着実に山頂に到達できます。自分の力で頑張るからこそ、脚力は強くなり、雨風への対処の仕方もわかってきます。もし山頂に到着できなくても、その経験は別の山で生かされることになります。

算数で考える力を伸ばしておけば、国語を始め他の教科だけでなく、人生のさまざまな場面で生かすことができます。

子どもたちの将来を長い目で見通し、考えることをゆっくり楽しませてあげましょう。

# 第二章

# 国語で算数を解きほぐす

## 算数にも音読と辞書引きを

算数と国語は全然違うことを学ぶように見えますが、言葉が大切なところは一緒です。そもそも数を表す「いち、に、さん、し…」も立派な日本語です。算数は、数を扱う教科ですが、それを理解し、解き方を考えるには、多くの言葉を使います。

もし近くに算数の教科書があれば、あらためて見てください。ひらがなや漢字と、数字とでは、どちらの方がたくさん印刷されているでしょうか。計算問題のページは別として、ひらがなや漢字の方が多いでしょう。

多くの学校では子どもたちに算数の授業で音読させていないようですが、音読すると読み飛ばしを防ぐことができ、読み方が確実になるのは、国語の教科書も算数の教科書も同じです。家庭では算数でもぜひ音読を試してみてください。

解説のページだけでなく、問題もなるべく音読するべきです。文章題は最後まで問題を読まなかったり、途中を読み飛ばしたりしたことが原因で、間違ってしまうこともあります。また、文章が長くて難しそうに見える問題も、音読すると落ち着いて取り組むことができます。

私の算数の授業は黒板授業です。プリントは使わず、問題は私が黒板に書きます。子どもたちはそれをノートに写し取ってから解きはじめます。

「そんなの無駄じゃないか？　プリントを配れば、すぐに解きはじめることができるのに」と、思う人もいらっしゃるでしょうね。

でも、私の読みづらい黒板の文字を読み取り、一字一句間違えないようにノートに写すには、問題を熟読しなければなりません。これは音読以上に効果的です。

立体図形の授業のときは、子どもたちは、黒板に描かれた複雑な図形を正確にノートに写し取ります。これは大変な作業なのですが、図を写すことで、同時に条件整理をしていることになります。自分で図を描くことは、図形分野を得意にするために不可欠なことなのです。

算数の言葉には、子どもの日常生活では使われない言葉もあります。算数の教科書を音読していると、子どもはそうした言葉があらためて気になるかもしれません。また、子どもにはそうでなくても、なんとなく聞いていた親の方が引っかかる言葉もあると思います。もし気になったら、親子で辞書を引いてみると面白い発見があります。

たとえば、速さの単元では、「道のり」という言葉が出てきます。大人でも、道のりと距離の違いはよくわからないのではないでしょうか。

辞書をひくと、「道のり」は道に沿った長さ、「距離」は二点を結んだ直線の長さ、ということになっていますが、「道のり」の類義語として「距離」が出ています。実生活では「道のり」と「距離」を区別しなければなりませんが、算数の場合、「道のり」と「距離」は同じ意味として使われている場合が多いです。

親が算数の言葉に興味を持てば、子どもも音読をしながら自分から算数の言葉を調べるようになります。言葉についての理解が深まると、その言葉の出てくる問題を解くときには、今までよりも興味を持って問題に入り込めるでしょう。

割合などの単元では、言葉を知っていることがとくに大切です。子どもは日常で割合を計算しないので、教科書に出てくる言葉をよく理解できていないこともあります。「五%の利益を見込んで」などの言い方も、子どもによっては意味がよくわからないようです。子どもの世界では使わない言葉のためでしょう。

ひょっとしたら、国語でも「見込む」を学習しないかもしれませんが、ニュースやビジネスでは「三万人の来場者が見込まれる」「収益が見込まれる」などの形で頻繁に用いられます。小学生のうちに必ず知っておきたい言葉です。

また、子どもがよく間違う単位も、一度辞書で意味や語源を確認すると、混同しにくくなります。

では、ここで問題です。

## 「一ミリメートルの千倍は何メートルですか？」

反射的に一メートルと答えることができたでしょうか？　一ミリの千倍は一メートルだから、「一ミリの十倍が一センチで、一センチの百倍が一メートル」と二回計算していないでしょうか？

ミリはミレニアムと同じくラテン語の千に由来し、センチはセンチュリーと同じくラテン語の百に由来します。そのため、一ミリメートルは一メートルの千分の一、一センチメートルは一メートルの百分の一です。

このことを知っていれば、重さの単位の一ミリグラムは、一グラムの何分の一かで迷うこともありません（もちろん、千分の一グラムです）。

なお、小学生用の国語辞書では、算数の言葉はあまり詳しく解説されていないかもしれません。大人用の辞書で調べてみてください。

## 手を使って数えることを大切に

手を使ってものを数えることは、数の概念を理解するために欠かせません。たし算、ひき算では、おはじきなどの道具を使って、「一つ、二つ、三つ」と数を声に出しながら数えることがとても大切です。

もちろん子どもは小学校に入る前からものを数えることをしています。すでに絵本などで、数字と数の関係を理解している子も多いようです。

でも、現代の家族の生活では、五個以上のものを数える場面はそんなには多くありません。せっかく一年生の算数で百までの数を学ぶのですから、大きい数を数えることをたっぷり経験させてあげましょう。

家にあるマッチ棒やつまようじ、小豆、碁石やゲームのチップなどは、数を数える練習の道具に最適です。貯金箱に小銭を貯めているなら、この機会に貯まった小銭を数えてもらいましょう。

ものの数を数えることに慣れてきたら、絵で表したものを数えます。たし算やひき算も、チラシの裏にでも絵を描かせ、じっくり数えさせれば、要領の悪い子どもも自分で答えを見つけられます。

学校で筆算の学習が始まったら、筆算の計算式の内容を、ものを使って表現してみてもいいと思います。十の固まりを作る作業によって、繰り上がりを理解することができます。

なお、人よりも早く筆算を覚えさせたいと思う親もいるようですが、人よりもちょっと早く筆算ができるようになることが、算数の理解に役立つわけではありません。筆算は、計算を簡単にする技術でしかなく、国によってやり方も違います。時間短縮のための筆算を身につけるよりも、手を動かして自分の頭で考える習慣をつけることが、低学年では肝心です。

## 普通の計算よりも、穴あき算

国語では、「穴埋め問題」と言って、問題文の一部が空欄になっていて、そこにどんな言葉が入るか推測し、答える問題があります。みなさんも、学生時代に経験しているはずです。

算数にも、一部の数字が空欄になっている「穴あき算」（穴埋め算）があります。

穴あき算では、「8＋□＝15」のように、計算式の□になっている部分に入る数字を推測します。普通の計算式よりも頭を使いますが、パズルのように面白いので、子どもたちは大好きです。普通の計算問題の代わりに、穴あき算を中心にしている国も多くあります。

現在では、日本の教科書でも、穴あき算を取り入れています。ただし、普通の計算問題に比べると穴あき算の問題の数はとても少なく、おまけのような扱いになっている教科書もあります。

でも、私は低学年から、普通のたし算、ひき算の他に、穴あき算をさせることを勧めています。

学校で出される計算問題は、普通の答えを求める計算が多いでしょうから、わざわざ教材を買ってくる必要はありません。学校のプリントの終わったものを材料に、親子で問題を作ればいいのです。

子どもからも親に問題を出し、交替でやると、低学年の子どもは喜びます。同じことの繰り返しになってしまう計算ドリルと違い、穴あき算では推測して頭を使うため、遊びとして楽しめます。

たし算、ひき算の穴あき算で、なかなか答えが出せない子どもには、「おはじきを使ってみれば」とアドバイスをしてもいいのですが、それ以上のことを教える必要はありません。子どもが自分で答えを見つけるまで放っておきましょう。

遊びとしてやるので、おはじきで子どもが本格的に遊び出しても構いません。低学年の子どもは、学んだことを生活の中で使うことが大好きですから、おはじきで遊びながら、たし算ごっこやひき算ごっこをしているでしょう。

穴あき算は、筆算や、かけ算、わり算、分数など、あらゆる計算問題を材料に、自由に作ることができます。学校でやった計算問題をリサイクルして穴あき算の問題を作るとお金もかからず、親子で対等に遊べます。

## かけ算はたし算から

日常の会話では、「私は宮本哲也です」と「宮本哲也は私です」とでは、「私」の置かれている状況は違います。前者は自己紹介、後者では名乗り出ているところです。でも、日本語の「は～です」の使い方を理解できていれば、どちらの状況でも「私」と「宮本哲也」は同じ人物であることが理解できます。

算数の式も、等号の左と右では、違う記号が書いてあっても、数字の順番が違っていても、等号で結ばれているものは同じです。

6は、3＋3でも9－3でも、3×2でも、6なのです。でも、たし算、ひき算からかけ算に入るとき、子どもたちにそのことを意識させる時間が十分に与えられていません。

日本の学校では、授業でかけ算が始まるとすぐに、「ににんがし、にさんがろく…」と、呪文のように九九を唱えさせます。

また、日本人の多くの人が、「九九を覚えないような学校教育では困る」「九九を教えないなんて、ありえない」と、教育の中心が九九であるようなことを言い、九九はとても重視されています。

確かに九九は便利なものです。九九を覚えていると、かけ算が速くできます。インド人の計算が速いのは、九九を二けたまで暗記しているからだと言います。

でも、先進国には九九を子どもに暗記させる習慣がない国もたくさんあります。学力の高い国として有名なフィンランドでも九九を暗記しません。

また、インド人も実際には二けたまで丸暗記しているわけではなく、二けたの計算を暗算できる方法を身につけていて、頭の中でパッと計算しているそうです。専門家も、九九と学力の間には、直接的な関係はないと見ています。

九九が学力と関係のないことを裏付ける証人のような人もいます。脳科学者として活躍する東京大学准教授、池谷裕二《いけがや》氏です。

彼は小学生のときに九九を暗記せず、東大受験のときも九九を暗記していなかったそうです。それでも、自分流に解き方を工夫していたので問題はなかったと言います。九九をすばやく計算する方法を身につけ、暗記で九九を覚えた人よりもスピーディーに、二けたの数字同士でも計算できる、と著書に書かれています。

私は、日本の伝統である九九を否定はしませんが、九九の暗記はそれほど重要ではないと思います。九九にかける時間の一部を、かけ算をたし算にする学習に使った方が有意義です。

かけ算をたし算にするとは、「9×4」を「9＋9＋9＋9」と表すことです。また、同じことを、「9×2＋9×2」「9×3＋9」などと表すこともできます。かけ算の習い始めで九九の暗記を強いるのは、こうした柔軟な数の見方を損なう危険があります。

小学校の教師たちは、九九に気を取られているためか、かけ算をどのように説明するべきなのか、あまり気にしていないようです。

**「選手9人のチームが4つあります。選手は全部で何人いますか」**

という問題に対して、

式　9＋9＋9＋9＝36　答え　36人

という解答を書くと、答えは〇、式は△という採点をする先生もいます。

でも、「9×4＝9＋9＋9＋9」は、疑いようのない真実です。「式には×の記号を使いなさい」という指示がなければ、「9＋9＋9＋9」でも正解です。

「9＋9＋9＋9」と書いて△になり、「どうして、これではダメなの？」と不思議がる子どもに対して、親は「先生は、かけ算の記号を使った式を書いてほしかったんじゃないかな？　でも、たし算の式も間違いじゃないよ」と教えてやるべきです。

こんなときに、「これはかけ算の問題なのよ。たし算の問題ではないでしょ」と言ってしまうと、子どもを混乱させてしまいます。

さらに、学校では、

「4つの野球チームがあり、各チームの人数は9人です。選手は全部で何人いますか」

という問題に対して

式　4×9＝36　答え　36人

という解答を書くと、式を×にするかもしれません。

その理由は、小学校の算数では「一つ分の数×いくつ分」という順序で式を立てることになっているからです。この例で言えば、

**9（かけられる数）×4（かける数）**

これが正しい式ということになります。

でも、「4×9＝36」あるいは「4＋4＋4＋4＋4＋4＋4＋4＋4＝36」という式も、本当は間違いではありません。

野球のチームを想像してみてください。どのチームにも9つのポジションがあり、9人の選手がいます。「4×9」の式は、4つのチームがある事実と、9つのポジションを守る人間が一人ずついる事実を示しています。

つまり、「4×9＝4＋4＋4＋4＋4＋4＋4＋4＋4」は、ピッチャー4人、キャッチャー4人、一塁手4人…が存在する現実を表現しながら、合計の人数を求める式である、とも言えます。

「4×9」と「9×4」の違いは、目のつけどころの違いであり、どちらが間違っている

るという話ではありません。

学校の教師に、「どうして9×4と書かなくてはいけないのですか?」と質問をしても、『「一つ分の数×いくつ分」で表すことになっています」という返事しか返ってこないでしょう。教師としては、「そのように指導しなさい」と言われている以上、勝手に「4×9でもいいよ」と子どもに教えられないのです。

それでもなお、「4×9=9×4」は真実です。子どもがそのように式を立てたら、単に否定するだけではなく、周りの大人の誰かが「なぜそういう式にしたの?」と質問し、子どもの話をじっくり聞いてあげるべきだと思います。そして、子どもなりに説明ができたら、「それは面白い考え方だね」と受け止め、その上で「9×4」の考え方についても話し合います。

観点は違っていても、同じ答えに行きつくことは、世の中にはたくさんあります。算数を通して、子どもが「一つの答えに行きつくまでに、いろいろな考え方ができる」ということを学んでいくことも、算数という教科の大きな役割ではないかと思います。

そのようにして、「4×9」あるいは「4+4+4+4+4+4+4+4+4」を経験することで、子どもの、数についての理解はより深まります。

「かける」という記号が開く世界は、九九よりももっと大きなものです。

かけ算をいろいろな形に変えられると、わり算、分数なども理解しやすくなります。「0×3」というかけ算に出会ったときも、「0＋0＋0」と、無理なく理解できるでしょう。素因数分解も、学校や塾で習わなくても、自然にできるようになります。

もしかけ算を学習しはじめた子どもが、かけ算のテストでたし算していても、正しい答えが出せるのなら、「かけ算ができないの?」と焦る必要は全くありません。むしろ、得意になって九九を唱えているような子どもの方が、理解の程度が心配です。九九の暗唱をしているときにでも、かけ算をたし算にできるか、○×9以上の計算でも自分で考えて答えが出せるか確かめてみた方がいいかもしれません。

なお、親が「9×11は?」とかけ算の問題を出したときに、子どもが「10以上は習ってないからできない」と、きっぱり言うようなら、「できなくても恥ずかしくないのだから、自分で考えてみてごらん」と、自力で考えることを促しましょう。算数に限りませんが、「習っている」「いない」という境界を作るクセがつくと、自分の頭で考えなくなってしまいます。

## 分数は言葉で語ろう

分数は、算数が苦手になるきっかけになりやすい単元とされます。でも、本当はかけ算とわり算の概念をしっかり理解できていれば、分数でつまずくことはありません。概念を理解できているということは、言葉で説明できるということです。分数のかけ算やわり算の式の意味を説明できない子どもは、分数以前にかけ算とわり算をよく理解できていないのです。

とくに分数のわり算では、１未満の分数でわると、答えがわられる数よりも大きくなります。わり算をよく理解できていなくて、わり算をすると答えはわられる数よりも小さくなるものだと思い込んでいる子どもは、答えが合っていても、とまどいを感じてしまうようです。

普通のわり算自体があやふやなので、「$\frac{1}{2}$は１÷２と同じ」というところまで説明できる子どもも、「２÷$\frac{1}{2}$とは何か？」と質問すると、ぽかんとした顔になることがあります。

しかも、本当は説明できないくせに、計算は学校で習った通りに、$\frac{1}{2}$をひっくり返して、２×２＝４と正しい答えを出すことができていたりします。当然、周りの大人は

「この子は分数を理解している」と勘違いしていますが、本人は、わり算なのに数が増えている理屈がわかっていません。

もし子どもに分数のわり算の説明をさせてみて、できなかった場合は、いったん普通のわり算に戻ってみてください。

まず、6÷3を言葉で説明させてみます。

6を3でわること?

それは数字をそのまま読んだだけですね。

6つを3つにわけること?

それは正解です。では、他の言い方はできませんか?

6の中に3がいくつあるか?

すばらしい。わり算は、ある数の中に別の数がいくつあるかを求める計算でもあります。

2÷$\frac{1}{2}$を考えてみましょう。

「分数のわり算は分子と分母をひっくり返すんだっけ?」なんて考えると混乱しますね。

6÷3と同じように考えればいいのです。

「2の中に$\frac{1}{2}$はいくつあるのかな?」

図で表すと下のようになります。

これを文章題にするなら、「2個のフランスパンで$\frac{1}{2}$サイズのオープンサンドを何個作れますか」といったところでしょうか。

分数同士のわり算も、普通のわり算の理屈がわかっていれば、ただ機械的に計算するのではなく、意味を理解しながら計算できます。

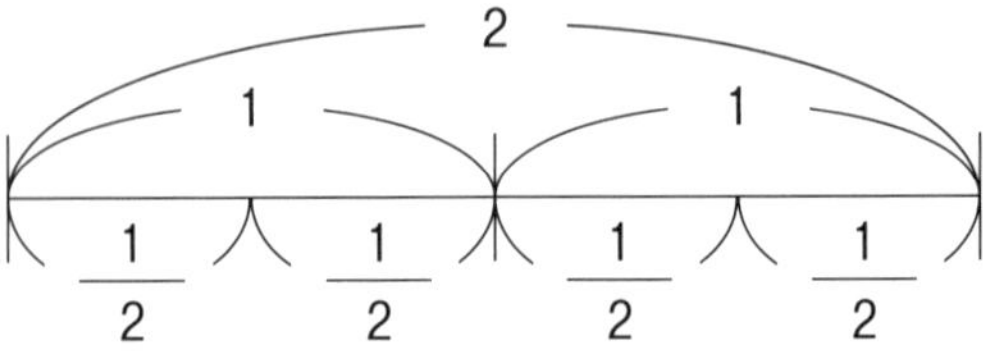


これで、$2 \div \frac{1}{2} = 4$ であることがわかりますね。数式だけで考えると

$$2 \div \frac{1}{2} = 2 \times \frac{2}{1} = 4$$

ですが、こういう手順だけを暗記しても楽しくありません。

$\frac{1}{2} \div \frac{1}{4}$はどうなるでしょうか。

「$\frac{1}{2}$の中に$\frac{1}{4}$はいくつあるのかな？」

これも図で表すと次のようになります。

$\frac{1}{2}$の中に$\frac{1}{4}$は2つあるので、答えは2です。先ほどのパンの例でいけば、$\frac{1}{2}$サイズのフランスパン1個で$\frac{1}{4}$サイズのオープンサンドは2個作れます。

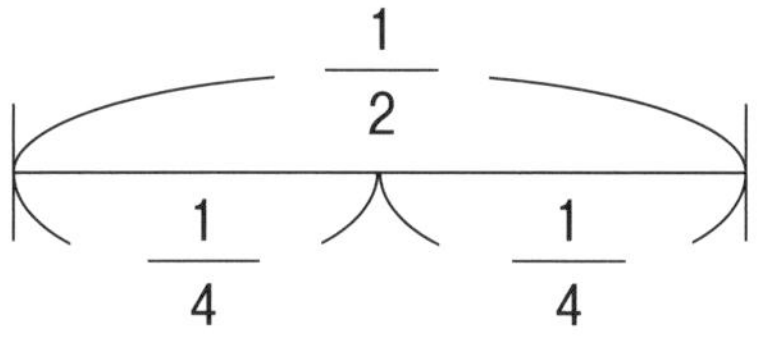


$\frac{1}{2} \div \frac{1}{4} = 2$ です。

数式だと

$\frac{1}{2} \div \frac{1}{4} = \frac{1}{2} \times \frac{4}{1}$

$= \frac{4}{2} = 2$ になります。

分数のかけ算もひとつひとつ言葉にしていくと、理屈がわかりやすくなります。

まず、2×3を言葉で説明してみましょう。

2の3倍？

2の3倍とはどのようなことですか？

2が3つあること？

そうです。リンゴ2個入りの袋が3つあれば、リンゴは6個あることになります。

$\frac{1}{2}\times\frac{1}{3}$を考えてみましょう。

図で表すと次ページのようになります。

この式で表される状況は、実際の生活にも結構あります。たとえば、父親の遺産の半分を3人の兄弟でわけたら、兄弟1人あたりの金額は遺産全体の6分の1です。子ども向きの例では、飲み物やリボンなど、いろいろなアレンジができます。

$\frac{1}{2}$ を図に表すと次のようになります。

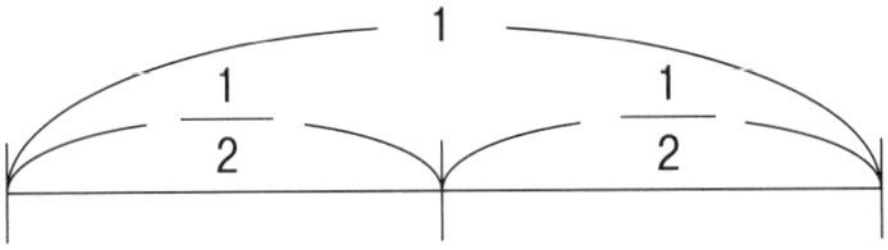


$\frac{1}{2}$ の $\frac{1}{3}$ 倍を図に表すと次のようになります。

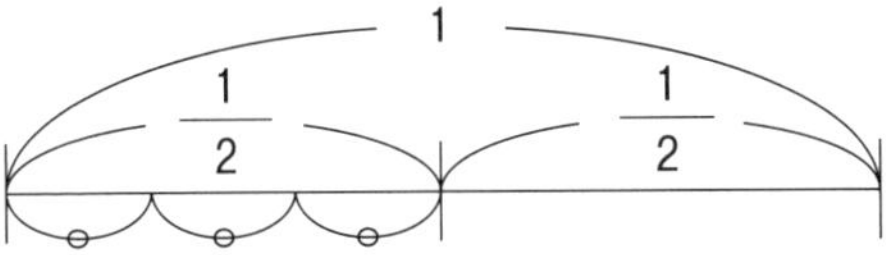


$\frac{1}{2} \times \frac{1}{3}$ は○になります。1の中に○が
いくつあるか考えると次のようになります。

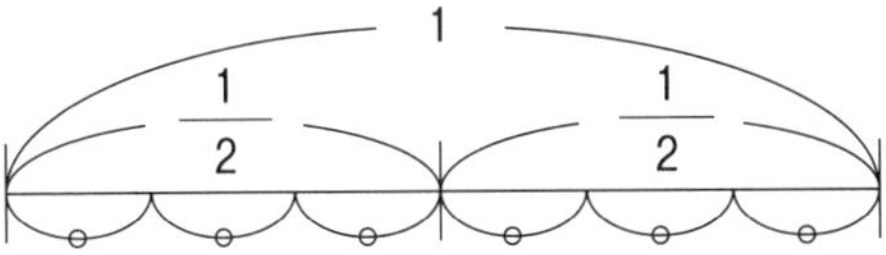


1の中に○が6個あるので、○は $\frac{1}{6}$ ですね。

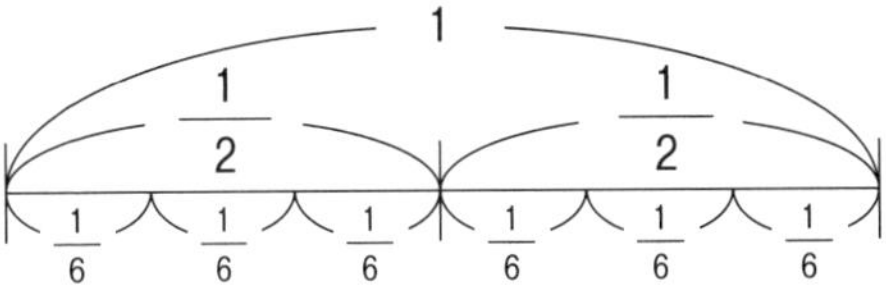


これで $\frac{1}{2} \times \frac{1}{3} = \frac{1}{6}$ がわかりますね。

数式だと $\frac{1}{2} \times \frac{1}{3} = \frac{1 \times 1}{2 \times 3} = \frac{1}{6}$ になります。

では、$\frac{2}{3} \times \frac{3}{4}$ を考えてみましょう。

$\frac{2}{3}$ は $\frac{1}{3}$ の２つ分で、$\frac{2}{3} = \frac{1}{3} \times 2$
と表すことができます。

同じように $\frac{3}{4}$ は $\frac{1}{4}$ の３つ分で、$\frac{3}{4} = \frac{1}{4} \times 3$
と表すことができます。

$$\frac{2}{3} \times \frac{3}{4} = \frac{1}{3} \times 2 \times \frac{1}{4} \times 3$$
$$= \frac{1}{3} \times \frac{1}{4} \times 2 \times 3$$

$\frac{1}{3} \times \frac{1}{4}$ を図に表すと次のようになります。

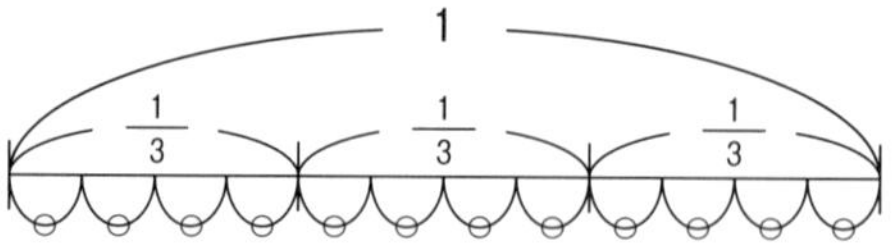


１の中に○が 12 個あるので、$\frac{1}{3} \times \frac{1}{4} = \frac{1}{12}$ です。

$$\frac{2}{3} \times \frac{3}{4} = \frac{1}{3} \times 2 \times \frac{1}{4} \times 3$$
$$= \frac{1}{3} \times \frac{1}{4} \times 2 \times 3$$
$$= \frac{1}{12} \times 6$$
$$= \frac{6}{12}$$

「通分」「約分」も難しいことではなく、下の図で描かれていることを数字で表現するだけです。

次の図から $\frac{6}{12}$ と $\frac{1}{2}$ が同じ数量ということがわかりますね。

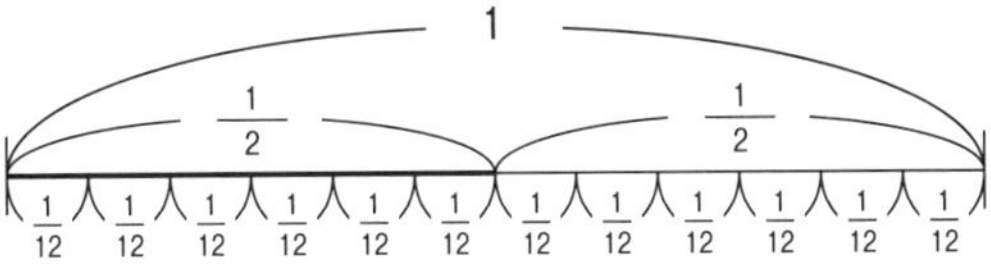


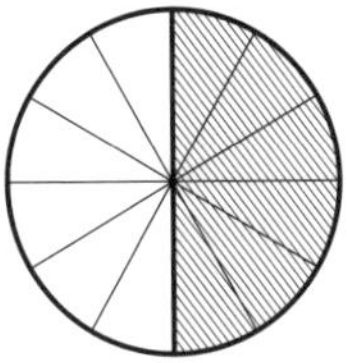

$\frac{6}{12}$

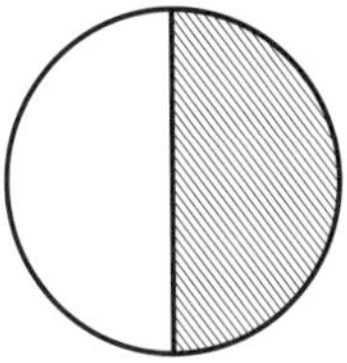

$\frac{1}{2}$

$\frac{6}{12} = \frac{1}{2}$ です。

数式だけだと

$$\frac{2}{3} \times \frac{3}{4} = \frac{2 \times 3}{3 \times 4} = \frac{6}{12} = \frac{1}{2}$$

になります。

文章題にするなら、ケーキを12等分する場合と2等分する場合で考えると、よりわかりやすいでしょう。

式の通りにジュースを配ってみるなど、分数と気軽につきあいながら分数の計算に慣れていけば、その後に学習する割合の概念も自然に理解できるようになります。

## 式を立てるのは、手で答えを出した後でいい

国語のペーパーテストでは、結論を先に書き、続けて理由を書くスタイルの設問がありますが、算数の解答欄は基本的に、まず式を書き、答えを書くようなスタイルになっています。しかし、式を先に書かなければならないという決まりはありません。答えを書いてから、式を書いてもいいのです。

中学入試によくある、「××の条件のもとで○番目の数字は何ですか」といった問題なども、条件が複雑になると問題文から式を立てるのが難しくなります。

むしろ、問題文に書いてある通りに数字を書き出して、数えていった方が確実に正しい答えに到達できます。この手の問題では、全部書き出して正解がわかってから、書き出した数字の羅列をながめて式を立てる方が、よほど賢いやり方と言えます。

ひとつひとつ数字を書き出していくのは、手間のかかる作業です。それを省略して、さっと式を立てることができたらカッコいいのですが、複雑な条件の問題ではそれがうまくいきません。思いつきの式では、間違った答えに行きつく場合がほとんどです。偶然正解しても、考えてたどり着いた答えではないので、後で同じ問題をやっても正解できないでしょう。間違うくらいなら全部書き出せばいいのに、それが苦手な子どもは少なくありません。

かつての教え子で、家庭でお父さんと勉強している子どもがいました。その子どものお父さんは、子どもに無理やり勉強をさせるタイプではなく、上手に子どもの意欲を引き出している人でした。

その家庭では家族で外出するたびに、子どもがレポートを書いてお父さんに見せていたのですが、子どもはお父さんに見せたくて自分からやっていたといいます。お父さんの子どもへの関わり方は、ほぼ理想的であるように見えました。

ところが、このお父さんの教育方法には、一つだけ致命的な誤りがありました。それは、算数の勉強を見るとき、子どもに「こうすればいいんだよ」と、最初から方程式を教えてしまったことです。

小学生の算数に求められているのは方程式を使いこなすことではありません。泥臭いコツコツした作業から、方程式の土台になる考え方を理解することです。このお父さんはそこがわかっていませんでした。

書き出し方式から方程式に移行するのは簡単ですが、その逆はとても困難です。この子も苦労しましたが、見事にそれを乗り越え合格を勝ち取りました。

私の教室には、算数オリンピックで入賞するほど算数ができる子どもが何人もいますが、彼らはものすごくよく手を動かします。考えるよりも先に手が動いているように見えるほどです。彼らが答えを出すのが他の子どもたちよりも早いのは、手を動かすことをためらわず、失敗したらすぐ次の方法でさらに手を動かすことができるためではないかと思います。

算数でコツコツ手を動かして答えを出すのは、頭が悪い子どもがやる方法ではなく、賢い子どもが確実に正解を見つける方法なのです。

## 算数に必要な、客観的に読む力

算数の問題の文章は、国語の長文問題に比べれば、長いものではありません。でも、それを読み解くには、言葉を正確に理解する力が必要です。

たとえば、このような問題があります。

「ある4けたの整数を9倍したとき、やはり4けたの整数で各位の数字の順序が逆になるという。もとの4けたの整数を求めなさい。」

（一九八四年　灘中学入試問題の一部を改題）

この問題では、「ある4けたの整数を9倍したとき、4けたの整数になる」ということがポイントになります。

千の位の数に入るのは、9をかけても2けたにならない数でなければなりません。1から9までの整数で、9倍したときに2けたの数にならないものは、たった一つ、1です。よって、千の位は1となります。

このように、算数では「○○になる」「○○である」といった言葉を、「○○以外のものにならない」「○○ではない」という風に変換してみると、問題の意味がわかりやすくなることがあります。

筆算の式にすると次のようになります。

もとの4けたの整数をABCDとすると、次の式が成り立ちます。

$$\begin{array}{r} ABCD \\ \times \quad 9 \\ \hline DCBA \end{array}$$

A×9は1けたにならないといけないので、

Aにあてはまる数字は1しかありません。

$$\begin{array}{r} 1BCD \\ \times \quad 9 \\ \hline DCB1 \end{array}$$

D×9の一の位が1なので、Dは9であることがわかります。

$$\begin{array}{r} 1BC9 \\ \times \quad 9 \\ \hline 9CB1 \end{array}$$

B×9は1けたにならないといけないので、

Bにあてはまる数字は、0か1です。

仮に、B=0としてみます。

$$\begin{array}{r} 10C9 \\ \times \quad 9 \\ \hline 9C01 \end{array}$$

一の位の積は、9×9=81なので、C×9の一の位は2になり、

C=8であることがわかります。

$$\begin{array}{r} 1089 \\ \times \quad 9 \\ \hline 9801 \end{array}$$

これは成り立ちます。

一方、B=1としてみると

$$\begin{array}{r} 11C9 \\ \times \quad 9 \\ \hline 9C11 \end{array}$$

一の位の積は、9×9=81なので、C×9の一の位は3になり、

C=7となります。

しかし、1179×9=10611なので、これは成り立ちません。

よって答えは、1089です。

先ほどのように単語をバラバラにして読み直しながら、「書いてある通り」に手を動かしていけば、このタイプの問題は自然に答えが出てきます。

反対に、「整数」と書いてあるだけで、1から9までの数を想像してしまうような、勝手な思い込みで文章を読んでしまうと答えには到達できません。

算数に最低限必要な国語力は、言葉を正確に読み取ることと、書いてないことを条件に加えないことなのです。

このことは、「客観的に、何が書いてあるかを読み取る」と言いかえることもできます。

客観性は、人間が成長の段階とともに獲得する能力です。幼児は主観の世界で生きていて、客観的に物事を見ることができません。

小さい子どもが「お母さんが世界で一番きれい」などと言うのも、子どもがとことん主観的であるためです。客観的に見ればその子どもの母親は、平凡な顔立ちで、ありきたりの目鼻がついているだけかもしれません。でも、その子どもにとって最も大切な人間は母親です。他の女性の容姿と母親の容姿を比べるという発想がないので、その子にとって母親はいつも世界で一番きれいです。

そんな風に母親を喜ばせていた子どもも、成長するに従って、物事の受け止め方は人によってさまざまであることを理解するようになります。

そこからさらにもう一歩進み、自分から見ても他人から見ても変わらない事実を見つけようとすることが、客観的であることです。

自分の好き嫌いや個人的な価値観をいったん置いて、客観的に、目の前の事実を正確に見ることは、大人でも難しいものです。その難しいことを実践する手がかりとして、人間は数字を使います。

昔、交通安全の標語に、「狭い日本そんなに急いでどこに行く」というのがありましたが、「狭い日本」という表現は、日本の面積を他の国々と比較することによって事実かどうか確認されます。

また、警察は「そんなに急いで」という、見た目の印象だけで「あなたはスピードを出し過ぎているよ」と取り締まるわけにはいかず、速度を計測し客観的な数字を突きつけることで、運転者に交通違反という事実を認めさせています。

算数で、数字の扱い方や、速度や面積、体積などの出し方を学ぶ理由も、事実を客観的に受け止め、あるいは事実を人に伝える方法としてそれらが必要だからです。

算数の淡々とした文章は、事実を客観的に表す文章の例とも言えます。子どもが感情移入できる要素は全くなく、好き嫌いのアンテナに引っかかる部分もほとんどありませんが、だからこそ主観に引っ張られず、目の前の事実をありのままに受け止める訓練にもなるのです。

## 文章題のとまどいを手で解決

文章題が苦手な子どもには二つの原因があります。文章が読み取れていないということと、数量関係を把握するための条件整理ができないということです。それを打開するには、やはり手を使う必要があります。

たとえば、こんな問題があります。

**「124人が大型バス2台、小型バス1台に分かれて乗ったところ、席が11人分余りました。大型バスの定員は、小型バスの定員よりも15人多いそうです。大型バスと小型バスの定員をそれぞれ求めなさい」**

文章題では、言葉がさまざまな想像を喚起しますが、自分の経験は一切忘れ、書いてあること以上のことを全く想像しないことが非常に大切です。

この問題では、書いてあるのは、

- バスが3台あった。
- 大きいバス2台の定員は、どちらも小さいバスの定員より15人多かった。
- 人間は124人いて、席が11人分余った。
- 大小のバスの定員を知りたい。

ということだけです。

座席が11人分余ったということは、あと11人いれば、3台のバスの定員の合計にピッタリだったことになります。そこで、定員にピッタリの人数は、124人に11人を加えた135人になります。つまり、124＋11＝135が、3台のバスの定員の合計です。

求めるべき定員はバスの大小で違い、大型2台は15人多いということです。

ここで「?」ととまどう子どももいると思います。3台の定員が全て同じだったら、簡単に求められるのに、大小で違うのでとまどうのです。

そこで次のページのように、3台のバスの定員を線分図にして考えてみましょう。

２台の大型バスの定員を表す２本の線は、同じ長さになります。小型バスの定員を表す線は、他よりも15人分短くなります。

これを見て、「全部が小型バスだったら？」と思いついたら、拍手です。

全部が小型バスなら、３台合計の定員は30人分少なくなっていたでしょう。135－30＝105が、小型バス３台分の定員です。

小型バス１台分の定員は、105÷３＝35、答えは35人となります。そして大型バスの定員は、それよりも15人多い50人です。

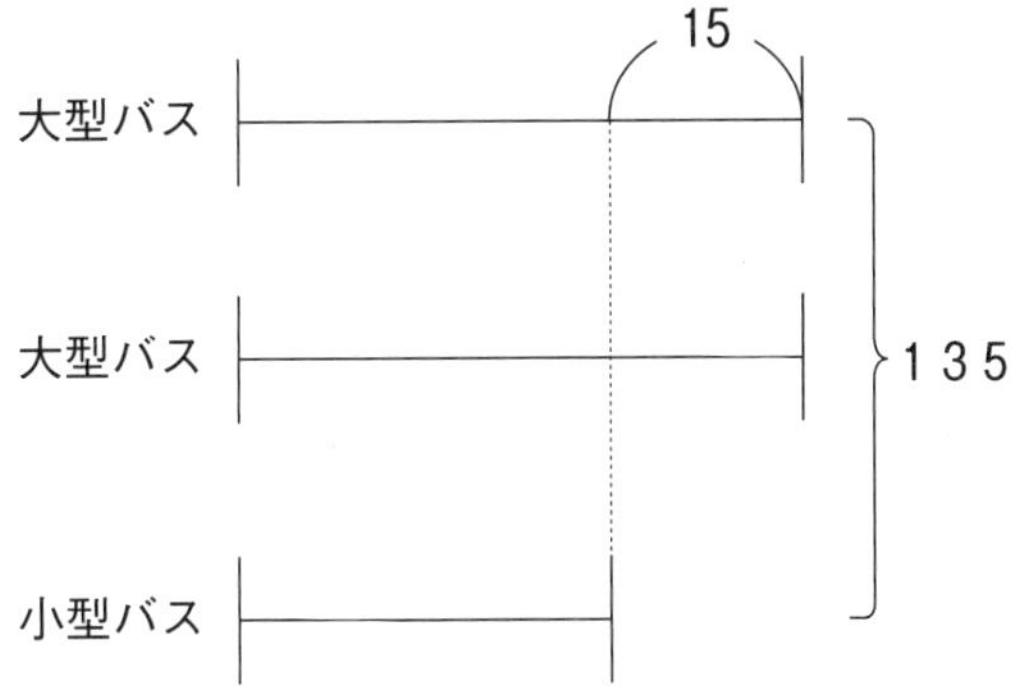

文章題に出てくる問題には、現実にはありえない内容も少なくありません。距離の問題では、車は一定の時速で道路を走り、休憩も取らずに何十キロも移動します。時間の問題では、予定通りの時刻に、予定通りのことが起きます。

でも、算数の文章題はそれでいいのです。なぜなら、「もしも」の世界のことだからです。現実の複雑な世界を自分の力で生きていくために、「もしも」の世界で訓練してもらうことも、算数教育の大きな役割と言えます。

## 図形センスは手の経験から

子どもの言葉のセンスは、本を読んだり、会話をしたり、より多くの言葉を経験する中で磨かれていきます。

算数でも、図形のセンスは経験がものをいいます。それは図形問題をこなした数ではなく、考えた時間の合計です。また、いろいろな形に触れたり、図形を描いたりした経験です。

日本の子どもは、小さいときから折り紙で一つの図形を違う形に変えることを経験しています。また、ブロックや積み木で立体図形に親しんでいます。少し大きくなると、紙の模型やプラモデルを組み立てる遊びをします。

このような経験は全て、図形センスの土壌になるものです。

ところが、現代ではこうした遊びをあまりしない子どもが増えているように思われます。幼児期からテレビゲームで遊んでいるためです。

また、人形遊びやおままごとばかりやっている女の子は、遊びの中で図形に触れる機会が少なくなります。でもそれは好みの問題なので、仕方ありません。

あまり図形に親しんでこなかった子どもも、算数では否応《いやおう》なく図形と向き合うことになります。低学年では、三角形、四角形の学習が始まり、定規を使い始めます。

この段階で図形への興味を引き出さないのは、とてももったいないことです。家庭で、親子で図形パズルに挑戦するなど、図形で遊ぶ時間を意識して作りましょう。

サイコロのパズルは、家にプリンターがあればパズルのページを拡大コピーして切り取り、実際にサイコロを作ってみます。それなら低学年の子どもでも必ず答えを見つけることができます。サイコロの問題は中学入試にもよく出ますが、入試問題も同じようにハサミを使って切り取れば、低学年から楽しめます。

子どもと大人が一緒に遊ぶには、子どもは実際にサイコロを作って考え、大人は頭だけで考えることにして、ハンディをつけてもいいでしょう。慣れてくるとハンディがなくても互角の勝負になるでしょう。

高学年になると立体図形の複雑な問題が出てきますが、実際に問題の図形を作ってみると、頭で考えるよりも楽に正しい答えを導き出すことができます。断面図の問題など、紙で作っても答えが出せない問題では、粘土で立体を作るという手もあります。図から立体をイメージするコツをつかむ練習には、こうした作業は効果があります。

立体の問題が苦手な子どもは、中学受験はもちろん中学校入学後も苦労します。それを考えると、できるだけ早い段階で立体作りに時間をかけておいた方が、できなくて落ち込む時間や悩む時間の無駄を省くことになるでしょう。

## 課題解決の補助線

図形の面積を求める問題に対して、「こんなものは普段の生活では役に立たない」という印象を持つ子どももいるようです。確かに、子どもの生活には広さを計測する場面などないでしょう。でも、大人の生活には、地図を見るときや、自分で土地や家を買うときなど、「広さ」について語る場面は結構あります。

また、図形は人間関係に似ています。

三角関係、四角関係などと言いますが、人間はひとりひとりが頂点となって、他の人々と見えない線でつながっています。そのため、図形の面積を求める行為は、だれとだれをつなぐと、どのような広がりが生まれるかを、抽象化したもののようにも見えます。

円という図形も、中心点を一人の人間として考えると、人間の存在を表した図形に見えてきます。

そのような気持ちで図形をながめると、算数の中でも図形ほど面白い学習はありません。仏教では、宇宙を図に表した曼荼羅《まんだら》図がありますが、図形を学ぶことで、子どもは世界を抽象化する行為の入り口に立つことができるのです。

そんなドラマチックな図形の世界では、補助線を引くということがとても重要です。補助線を一本引くだけで、正三角形を二つの直角三角形に、正方形を二つの直角二等辺三角形にわけることができます。

面積を求める問題では、補助線の引きどころとして、他の辺と直角を作れるところ、垂直に交わるところが挙げられます。

その場所がなかなか見つからないときは、問題用紙を横向きにしたり、逆向きにしたりします。それだけで図形の見え方が、がらりと変わり、補助線を引くべきところがパッと見えてくることがよくあります。

紙を手で動かすだけなので、すごく簡単です。簡単でも、非常に効果があるので、全ての小学生に実践してほしいと思います。

この作業は、図形の問題で役立つだけでなく、ものを見る目を養うことにもなります。人はよく「違う角度からものを見る」と言いますが、図形の問題用紙を手で逆にするだけで、上底の長い台形は、下底の長い台形になります。でも、面積は変わりません。

それと同じようなことが、常に世の中や人間関係にはあります。

何かで悩んでいるときに、自分の悩みを違う方向からながめれば、解決のための補助線を引けるようになれるかもしれません。

## 算数は言葉で理解し、大人の余計な一言で嫌いになる

児童書を読んで楽しめる日本語力があれば、本来は算数も楽しく取り組めるはずです。しかも算数は子どもの向上心と相性が良く、低学年から高学年まで、全ての子どもたちが楽しめます。

子どもは、自分がやっていることを「挑戦」と自覚していなくても、何かに挑戦する

ことが大好きです。

運動を例に挙げれば、跳び箱を五段跳ぶことができたら、次は六段を目指します。縄跳びで連続百回跳べたら、次は二百回を目指します。ゲームでも、一番簡単なレベルをクリアした子どもが、「次のレベルは難しいから、ずっとこのままがいい」と同じレベルでゲームを続けることはありえません。自分の部屋でゲームばっかりやっていて、親からは無気力で怠惰に見える子どもですら、常により高いレベルへの挑戦を楽しんでいるのです。

そして、目標を達成した子どもにとって最大のごほうびは、「自分は成長した」と実感することです。親からもらうごほうびや、ほめてもらえる嬉しさは、それを上回ることはできません。

満足感というごほうびを目指して、自らさらに難しいレベルに挑戦するのは、子どもの本能です。子どもは挑戦と成長を喜びや楽しみとして感じるように生まれついているのです。

算数は、そんな子どもの本能に、良い刺激を与えます。自分で問題に挑戦し、試行錯誤してついに答えがわかったときの気持ちよさは、子どもの脳が大好きなごほうびです。

やればやるほど楽しいはずの算数が嫌いになってしまう原因として非常に多いのが、

親の余計な口出しです。

子どもがダイニングテーブルやリビングで勉強しているとき、親がそのわきで見ている家庭はかなり多いようですが、親は黙って見ているわけではないでしょう。それが、算数の学習に大きな影響を与えることを、親たちは全く自覚していません。

親の誤解や勝手な思い込みから発せられる言葉が、算数の学習にどのような悪影響を与えているか見ていきましょう。

## 算数を苦手にする言葉①「こうすればいいのよ」

学生時代にあまり勉強をしていなかった母親でも、小学校の低学年から中学年までの算数はそれほど難しくないので、子どものときに習った方法で解くことができます。

それで、子どもが問題をなかなか解けないでいると、

「こうすればいいのよ」

と言って、解き方を教えます。でも、これは親としてやってはいけないことなのです。

「それのどこが悪いの？」

と不満の声が聞こえてきそうですね。

子どもがわからないなら、親が教えてやるのは当たり前。そう思うなら、一度子ども

の立場に立ってみてください。

あなたは算数の問題を解こうとしています。最初はよくわからなかったけれど、問題を十回くらい読み直してみたら、自分の力でなんとかなりそうな気がしてきました。「よし、もうちょっと頑張ってみよう」と思った瞬間に、母親にこう言われてしまいました。

「こうすればいいのよ」

せっかく自分で解けそうだったのに、ガッカリですよね。

推理小説を読んで楽しんでいる人に「犯人はこの人よ」と教えてはいけないのと同じで、真剣に算数の問題に取り組んでいる子どもに、解き方や答えを教えてはいけません。それは子どもにとっては嫌がらせ以外の何ものでもありません。

本人がいくら悩んでいても、放っておいて構いません。悩み続けているのは、まだギブアップしていない証拠です。

ギブアップ寸前で、「どうすればいいのかわからない」と相談されたら、まずは問題をもう一度音読することを勧めてみてください。問題の一部を読み飛ばしていた場合は、そこで気づくことがあるはずです。

また、手を動かさずにじっと考えていた場合は、数の書き出しや、実際に図形を描くなど、手を動かす方法をアドバイスしてみてください。

そして「どこまでわかるの」と聞いてあげてください。説明している間に新たな気づきがあるかもしれません。そうやっていて寝る時間が遅くなりそうなら、解けなくても「そこまでわかっているのならもうすぐ解けるよ。明日またやってみようよ」と一度打ち切ってください。

## 算数を苦手にする言葉②「どうしてこんなに時間がかかるの？」

「時間をかける」は「時間がかかる」ことでもあります。今の世の中は、何かと効率が求められますが、学習の場合は効率を優先してはいけません。中途半端な理解で、どんどん先に進むよりは、最初は時間がかかっても、しっかり理解している子の方が、学習のやり方としては正しいのです。

それにもかかわらず、「算数の問題を解くのに時間がかかるのは良くない」と思っている人がたくさんいます。問題をスラスラ解ける子どもの方が、時間をかけて考える子どもよりも賢いと思っているのです。

それで、我が子が時間をかけて算数の問題を解いていると、隣で見ている親は、「どうしてこの子はこんなに時間がかかるのかしら？」と不安になってきます。

じっと待っていることができずに、「どうしてこんなに時間がかかるの？」などと言い、子どもを困らせます。「どうして」と質問されても、子どもには答えようがありません。

子どもも、時間がかかることで文句を言われると、なるべく時間をかけないように、手抜きをしても時間短縮を優先するようになります。そして、自力で解いたら時間がかかりそうな問題に出会うと、すぐに答えのページを見たり、親に教えられた方法を丸暗記したりするようになっていきます。

でも、算数の問題を解くのに時間がかかって、何が悪いというのでしょうか。入試のときには制限時間内に解けないと困りますが、それ以外では別に困ることはありません。算数の問題で時間がかかっているときは、「うちの子は、一つの問題にこんなに時間をかけることができて、すばらしい」と思って、そっとしておきましょう。もし煮詰まって困っているようなら、休憩することをアドバイスしてみましょう。休憩して気持ちを切り替え、あらためて問題を読み直してみると、急に解けたりすることもあります。

### 算数を苦手にする言葉③「こんな計算ミスしちゃダメでしょ」

せっかく問題の解き方がわかったのに、計算ミスをしてしまうと、答えは×になってしまいます。それは大変もったいないことですが、「もったいない」と感じるのは本人であるべきで、親ではありません。

本人が「もったいない」「残念だ」と思って、真剣に見直しをするようにならなければ、計算ミスはなくなりません。早い段階でそうなればいいのですが、私の教室の子どもたちも、六年生の正月くらいまでは平気で計算ミスをしています。

そのため、私はその時期にショック療法を行っています。それは、普段教室の子どもたちに頑張ったごほうびとして与えているポイントを、計算ミス一つにつき一気に五百ポイントをマイナスするというものです。大人でいえば、一年間真面目に働いてコツコツ貯めたお金をいきなり失うくらいのダメージがあります。

この効果は絶大で、毎年これで痛い目にあった子どもは見直しを念入りにするようになり、第一志望の学校に入っています。受験の本番では計算ミスをしないだけで、大きな差がつきます。

しかし、これはあくまで中学受験の話です。小学生が普段の学習で計算ミスをちょっとしたくらいで、親が「ダメじゃない」としかるのは大間違いです。見直しのやり方がわかっているかどうかだけを確認すればいいと思います。

「見直しのやり方を知っているなら、どうしてそれをやらないの？」と言いたくなるかもしれませんが、本人も内心そう思っているのです。ところが、親から言われると「うるさい」などと言い出し、「見直せばよかった」という思いは、たちまちどこかに吹っ飛んでしまいます。とくに高学年ではそうなります。あえて黙っておきましょう。

今の段階で計算ミスが多くても、計算の理屈がわかっていて、見直しのやり方も理解しているなら、本人に行きたい学校ができ、「見直しをして、いい点を取ろう」と点数にこだわるようになると、ミスはしなくなります。

反対に、いくら親が計算ミスを注意しても本人にはピンとこないので、言っても無駄です。また、私の教室のポイント減点のような、ダメージを与える方法は、家庭ではお勧めできません。

以上、三つの言葉を言わないようにすると、算数の学習に他の子どもよりも時間がかかると思います。でも、自分の力で問題を解くことを楽しんでいれば、どんどん算数が好きになり、親が放っておいても勝手に勉強するので、安心して好きなだけ時間をかけさせてやってください。

問題が難しくなればなるほど、解くことが面白くなるのが、算数というものです。

## 実践！　算数の問題を、条件を整理して解く

左の数字を使って3けたの数字を2つ作ります。

0　1　3　5　7　9

①2つの数の和が最大のとき、その和は（　　）
②2つの数の和が最小のとき、その和は（　　）
③2つの数の差が最大のとき、その差は（　　）
④2つの数の差が最小のとき、その差は（　　）

この問題を解く最初のポイントは、作るのは3けたの数であり、0が百の位に入ることはない、ということです。

この6つの数字で作る3けたの数を、仮に、□□□と△△△とします。

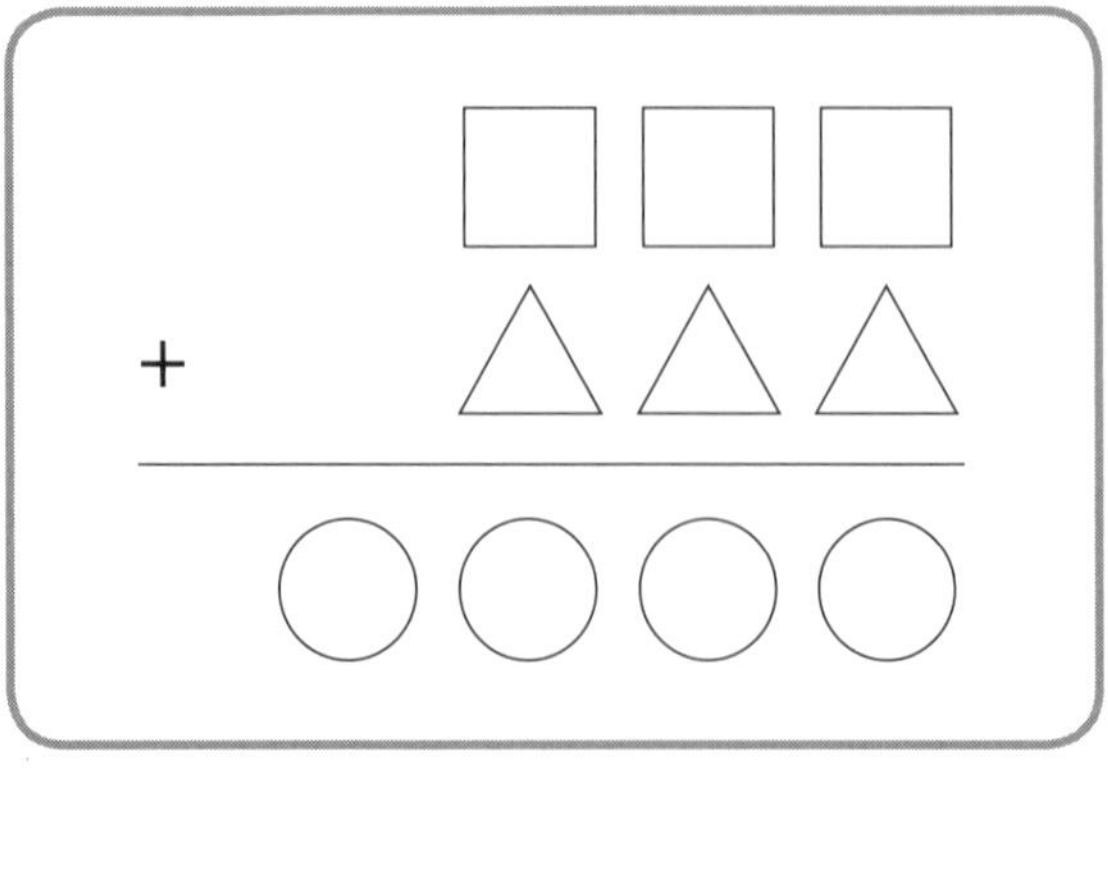

①

「２つの数の和が最大のとき」なので、□□□と△△△は、どちらも百の位の数に、できるだけ大きい数を入れます。

そこで、□□□の百の位に９を入れます。９□□ができました。

次に大きい数は７なので、これを△△△の百の位に入れます。７△△になりました。

十の位には、残りの数の大きい方から□△の順で入れていきます。９５□、７３△となります。

残った２つは一の位に、大きい方から□△の順で入れていきます。つまり、２つの数は、９５１と７３０です。この２つの数を足すと、１６８１となります。

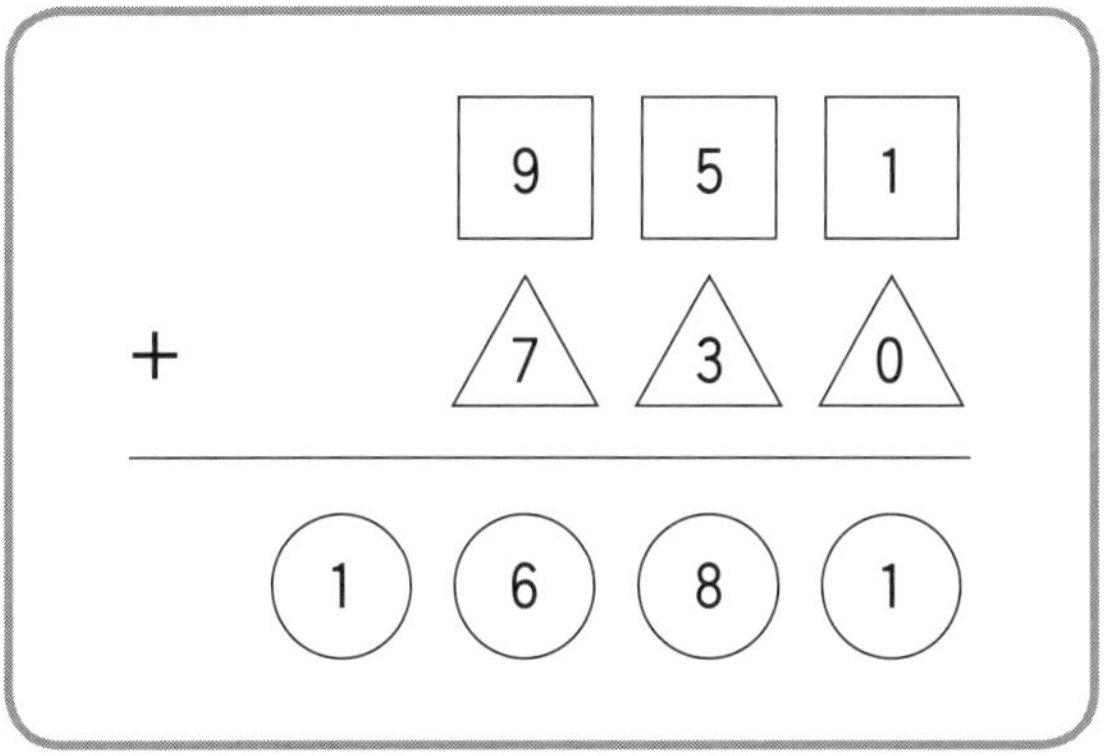

②
「2つの数の和が最小のとき」ですので、□□□と△△△の百の位には一番小さい数を入れます。

一番小さい数は0ですが、3けたの数にしなくてはいけないので、0を百の位に入れることはできません。

0の次に小さいのは1と3なので、1□□、3△△となります。

次は、残っている数の中で、より小さい方の2つを十の位に入れます。このとき、「1と3の次に小さいのは、5と7だ」と思ったら、間違いです。なぜなら、先ほど使わなかった0が残っているからです。

十の位に0と5を□△の順番で入れると、10□、35△になります。

残った2つの数字を一の位に入れていくと、107と359です。その和は466となります。

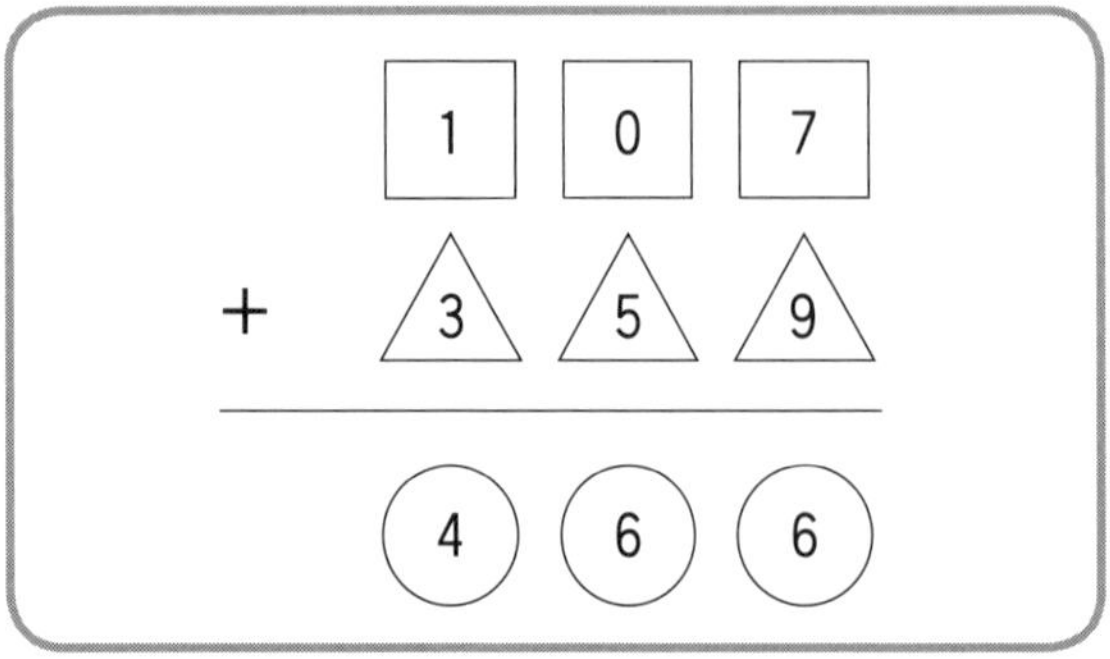

③

「差が最大のとき」ということですから、作れる数のうちで一番大きい数、□□□と、一番小さい数、△△△について考えます。

まずは、一番大きい数を作ります。６つの中から大きい数字を３つ選び、大きい順に百の位、十の位、一の位に入れていきます。すると、□□□は９７５になります。

次は、一番小さい数字を作ります。０は百の位に入れられないので、△△△は１０３になります。

２つの数をひき算すると、答えは８７２になります。

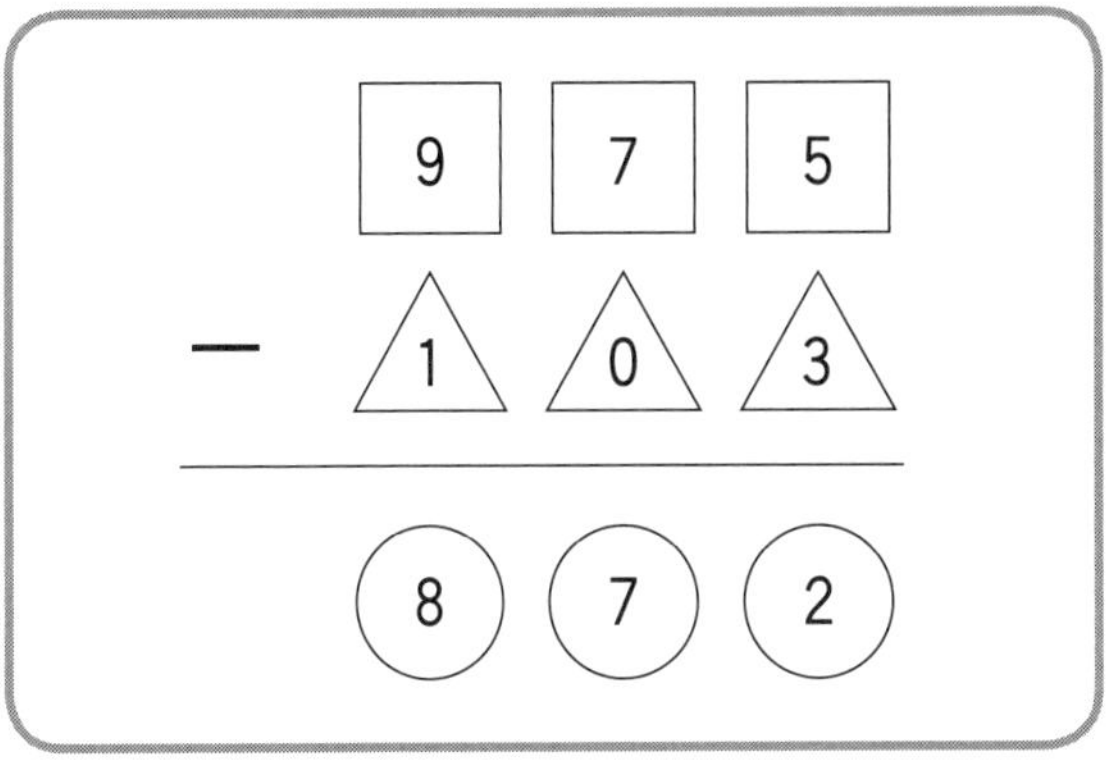

④

「差が最小のとき」ですから、□□□－△△△がなるべく小さい数になるように、２つの数を作ります。

下２けたを先に考えます。

差を小さくするには、繰り下がりを考えて、□□□の下２けたをなるべく小さくし、△△△の下２けたをなるべく大きくします。すると□０１と、△９７の２つの数ができます。５と３を□と△にそれぞれ入れると、５０１と３９７になります。その差は１０４です。

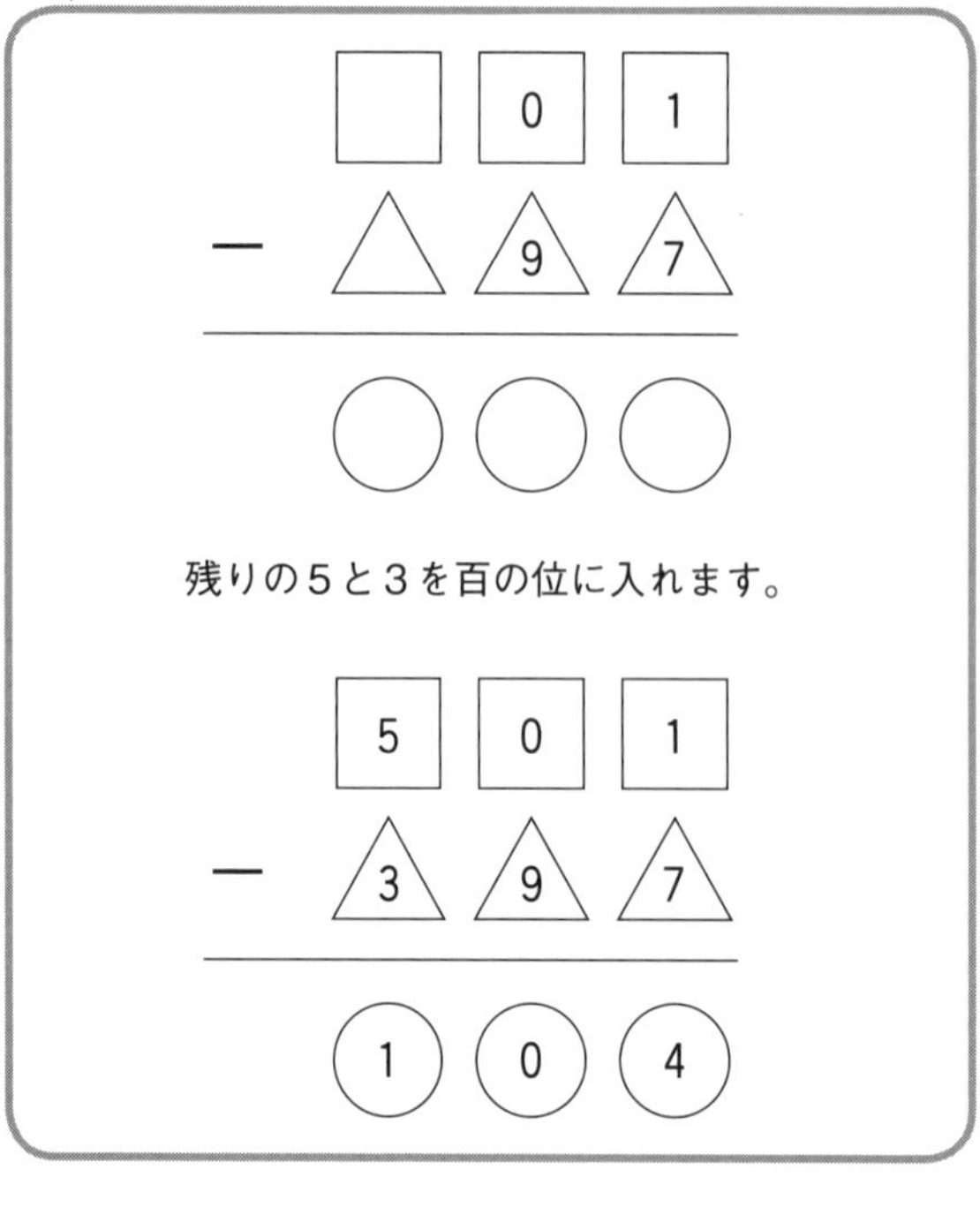

なお、2つの数の和を求める問題では、各位に入っている数の和が同じになれば、2つの数が先に挙げた数とは違っていても、同じ答えになります。

どういうことかと言うと、①の2つの数は、951と730でしたが、930と751でも、931と750でも、答えはやはり1681となります。

②も、107と359でなく、109と357、157と309でも和は466になります。

## 算数を得意にしたければ

算数の問題と国語の問題の文字数を比べると国語の方が圧倒的に多いです。でも、条件整理は算数の方がうんと難しいです。

パズルも算数も数学も試行錯誤しながら、論理的思考力を駆使して解くという点では同じですが、小学生に数式だけでそれを要求するのは無理です。

候補となる数字の組み合わせを全て書き出し、その中から問題文の条件に当てはまるもの、つまり正解を見つけるという方法も立派な解き方の一つです。

また、子どもを算数が得意な子にしたければ、その前に算数を楽しめる子にしなければばなりません。

算数の問題は四種類あります。「やさしくてつまらない問題」「やさしくて面白い問題」「難しくてつまらない問題」「難しくて面白い問題」です。

私が提供するのは「やさしくて面白い問題」と「難しくて面白い問題」だけです。子どもにつまらない問題を与えないでください。ハードルの低い「やさしくて面白い問題」を一題与え、少しずつハードルを上げていけば、「難しくて面白い問題」にも粘り強く取り組めるようになります。


算数の本質は「考える」という行為そのものにあります。解けなくてもわからなくても考え続ければ考えた分だけ賢くなります。センスや才能は関係ありません。

算数の楽しみ方は食事の楽しみ方と同じです。人間は食べものなしでは生きていけませんが、食事が義務になってしまうと楽しくないですよね。「七時になったから朝食を取らないといけない。面倒くさいなあ」ということを毎日繰り返していると、生活そのものが楽しくなくなります。

子どもが食事を楽しめるかどうかは親次第です。まず、おいしくなければいけません。また、栄養のバランスを考えることも大切です。安全な食材を適切に調理し、おいしいものを毎日作り続けるのは大変なことですが、子どもの健康維持には必要なことです。

でも、これも義務になってしまうとつらいですね。「今日は何を作ろうかな」とわくわくしながら、メニューを考え、買い物を楽しんでください。そうすれば子どもも「今日の晩ご飯は何かな」と食事の時間を楽しみに待つようになるでしょう。

算数も食事と同じように与えてあげれば、算数を楽しめる子になり、そのうち得意になります。このとき、親の姿勢として大事なことはたった二つだけです。

・急《せ》かさない。
・押し付けない。

問題が速く解けるということは、ご飯が速く食べられるという程度の意味しかありません。ご飯は速く食べるものではなく、よくかんで、味わいながらいただくものですよね。楽しめないものが得意になることはありえません。長い目で温かく見守ってあげてください。

# 第三章

# 算数で国語を読む

## 国語の「センス」は経験の蓄積

国語が苦手な子どもの親が、「うちの子は、国語のセンスがない」と言うことがあります。この場合の「センス」とは、生まれながらの文学的な感性や才能のようなものを言うようです。

でも、特別な才能など誰も小学生に求めていません。最難関中学の国語の入試問題でも、求められているのは日本語の正しい知識と理解、それを使って論理的に考える力です。本当は、これらの学力こそ国語の「センス」なのです。

算数でも、図形のセンス、数のセンスなどと言いますが、どちらのセンスも経験から作られるものです。積み木で遊ぶ、折り紙をする、ものを配る、量を調べるなど、さまざまな図形や数に触れた経験が、図形や数について考える力のもとになっています。

同じように、日本語を正しく使い、考える力も、ごく小さいときからの会話や、読み聞かせ、手紙を書くなど、普段の生活の中で積み重ねてきた言葉の経験によって作られます。

「うちの子は国語のセンスがない」と言う親は、遺伝子の具合で国語の点数が決まると思っているようですが、生まれながらの日本語の達人や、生まれつき国語が苦手な子どもなど、どこにもいません。

身につける言語は環境に左右されるもので、親がアメリカ人でも周囲の大人が日本語を話す環境で育って、日本の小学校に通えば、国語が得意な子どもに育つ可能性は十分にあります。つまり、親に「国語のセンスがない」と言われている子どもも、育つ環境が違えば国語が得意な子どもになっていたかもしれないのです。

国語の成績が悪い子どもの親は、その理由を把握しなければなりません。ちゃんと問題を読んで見直しをしていないために点数が悪いのか、そもそも日本語を正しく使う能力が低いのかを見極め、もし後者なら子どもの言葉の土台を作ってきた家族の会話を見直してみましょう。

詩を書く、作文を書くなど、文芸的な創作が好きかどうかは、本人の趣味の問題なので、そういうものが嫌いでも別に構いません。

一方、日本語を使って考える能力は、年齢に応じた「聞く・話す・読む・書く」の経験を重ねて高めていないと、勉強だけでなく、生活の面でもさまざまな困難を抱えることになりかねません。親が子どもの言葉に注意を払って、新しい言葉の経験を蓄積させてあげれば、どうにでも変えられます。

## 無口な子どもは国語が苦手

わが子に苦手な科目があると、親は苦手克服を目指し、問題集や計算ドリルを買って、子どもにやらせようとします。でも、それをやっても算数が得意にならないのと同じで、国語の問題集を親がやらせても効果はまずないでしょう。それよりも、生活の中の言葉を見直す方が先です。

国語の力の土台は生活経験で作られるので、生活が変わることで、国語の成績が上下することがよくあります。

私は教室の子どもたちの生活全部を見ているわけではありませんが、国語の成績と生活の中の言葉は大いに関係があると思います。

まず、口数の少ない子どもよりも、普段からよくしゃべる子どもの方が、国語の成績は良いという傾向があるようです。

算数では口数との関連性は見られませんが、国語では口数と成績はほぼ比例しています。おしゃべりな子はだいたい国語が得意で、無口な子はだいたい国語が苦手です。

おそらく、よくしゃべる子は家族や友だちと会話する時間が長いため、言葉をインプットする機会もアウトプットする機会も多く、言葉への関心も高いのでしょう。対して、口数の少ない子は他人と積極的にしゃべろうとしないので、より多くの言葉を必要としていないように見えます。

無口な子には、話しかけても、「はい」「いいえ」「わかりません」など、ごく短い返事しか返ってきません。自分の話を聞いてほしいという気持ちが薄いか、それ以外の言葉がパッと口から出てこないか、両方なのか、いずれにしろ言葉とのつきあい方が下手です。

なお、口数と国語の点数が連動するなら、おしゃべりな中年女性たちに国語のテストをさせたら満点を取ることになりますが、自己中心的で、自分を基準にして答えを見つけようとする人は国語のテストでは正答できません。

わが子が無口なのは、性格だから仕方がない。無口な子の親はだいたいそう思って、あきらめているようです。しかし無口は性格ではないのかもしれません。

私の経験では、無口で国語の苦手な子どもの親には、共通点があります。その共通点とは、よく気が回り、子どもが自分の意見を言うべきところを、先回りして言ってしまうことです。

そのタイプの親が子どもに話しているのを聞いていると、

「あなたは、○○するわよね？」

「あなたは、○○がいいわよ」

「あなたは、○○が好きよね？」

といった言葉がすぐに出てきます。語尾が上がっていて、子どもに質問しているようなロ調ですが、子どもの意見を聞いているわけではありません。自分が先回りして決めたことを子どもに聞かせているだけなのです。子どもとしては、「うん」「別に」程度しか口を挟めません。

接客の仕事なら、お客さんが要求するよりも早く相手の要求に気づく人は、「よく気がつく従業員だ」とお客さんから高く評価されます。また、秘書が社長のために先回りして、何かを準備していたら、社長から「ありがとう」と感謝されるでしょう。

でも、子どもはお客さんや社長ではありません。親が先回りしても、子どもの成長にとっていいことは何もないのです。

むしろ、親に先回りされることで、子どもは自分の希望を伝えて理由を説明する経験や、失敗したことを相談し、解決する経験をできず、国語力を高めるチャンスを奪われていると言えます。そして、自分の意見を言っても聞いてもらえないので、話さなくなり、無口でいる方が楽になってしまったのではないでしょうか。

わが子の国語の成績が気になる人は、塾に入れることを考える前に、親子の会話を見直してみてください。

## 中学入試の国語は常識で

難関私立中学の算数の入試問題では、「制限時間内にこんな問題を解ける子どもが一人でもいるのか？」と思うくらいの超難問がまれに見られます。それに比べると、国語の入試問題はずっと常識的です。日本語の常識が備わっていて、筋道を立てて考える力があれば、合格者平均点を取ることはそれほど難しいことではありません。

難関校の先生たちが入試問題で見ようとしているのは、

- 言葉の正しい意味と使い方を知っているか。
- 同音異義語を使いわけられる漢字の知識があるか。
- 「それ」「その」などの指示語が指している内容を読み取ることができるか。
- ひとまとまりの文章から、何が言いたいのか理解できるか。

といった基本的な国語力です。これらは特別な能力ではなく、日本語で生活しているなら、身についていないと困る種類のものです。国語の問題として出てくると難しく見えますが、私たちは日常の会話でその能力を使っています。

たとえば、説明文では「作者が最も言いたいことは何ですか」と作者の主張を問う問題がよく出されますが、子どもが親におねだりをするときと同じように、何度も繰り返される言葉が答えになります。説明文では話が飛ぶこともないので、「言いたいこと」は簡単に見つけられます。

また、指示語が指す内容の読み取りは、日常会話では国語の入試問題よりもずっと難しいことを求められています。私たちは会話の中で突然、「ねえ、あれは、どこにあるの？　あれよ、あれ」などと言いますが、問題文では「あれ」が何を指しているのか、誰にでもわかるようになっています。

会話で使っている能力を国語のペーパーテストでも発揮するには、問題文を一語ももらさず読むことが大切です。電話の音声がブツブツ切れてしまうと話がよくわからないのと同じで、一部の言葉を読み飛ばして、文章全体の内容を理解しようというのは無理があります。

設問を先に読んでから問題文を読むとミスが多くなるのも、答えを探そうとして、読み落とす言葉が多くなるのが原因です。

中学入試の国語の問題文は長いものが多く、全部読むのに時間がかかってしまいますが、最初からきっちり読んだ方が設問の答えが早くわかり、結局は時間の節約になります。

・読みながら、空欄は自分の言葉で埋める。
・物語文であれば、感情を表す言葉や動作の部分に傍線を引く。
・論説文であれば、繰り返し出てくる言葉やいろいろなたとえの部分に傍線を引く。

これらをやった後で設問を読むと、とても解きやすいはずです。

## 問題文の言葉の範囲内で想像する

「算数と国語は別」という気持ちが強い子どもは、「算数の問題はルールに沿ってやっていけば答えに行きつくけれど、国語の問題はよくわからない」といったことを言います。

まるで国語にはルールがなく、国語のテストは運試しだと思っているようですが、国語の問題を解くにもルールがあります。ルールに従っていけば、算数の問題と同じように、どの子ども一つの答えに行きつきます。

そのルールの中に、非常に重要なルールでありながら、多くの子どもが気づいていないものがあります。

そのルールとは、問題に書かれていないことを勝手に想像しないことです。

「一切想像するな」というわけではありません。

文章に書かれていることを想像するときに、問題文に書かれていないことまで想像してはいけない、ということです。

問題に書いてある通りにやるのは算数では当たり前のことですが、国語には想像力を働かせる教科というイメージがあるせいか、ついつい問題文にないことまで想像しがちです。

「野原に赤い花が咲いている」と書かれていたら、赤い花が咲いている野原を想像しても構いません。でも、花の周りにチョウが飛び回っていることまで想像してしまうと、アウトです。逆に、「その周りにはチョウが飛んでいる」と書いてあったら、チョウも想像しなければなりません。

このルールを守れば、次の問題の空欄にどんな言葉が入ればいいのか、正しく答えられるでしょう。句読点を含めて三十字以内で答えてみてください。文章内の「卜伝」とは、戦国時代の剣豪、塚原卜伝《つかはらぼくでん》のことです。

【ちょうどそのとき、船は小さな島の前を通り過ぎようとしていた。そこで二人はその島で決闘をすることにきめ、船頭に命じて船を小島に着けさせた。熊のような武士は、「やっ」とかけ声をかけて岸にとびおり、「さあ来い！」と卜伝を待ち構えた。すると卜伝は、「待て、待て。船がまだよく岸に着かぬ。ちょっと棹《さお》をかしてくれ」といって船頭から棹をかりると、（　　　　　　　　　　　　　　　）。

「やい、どうしたんだ！」と武士はわめく。卜伝は笑いながら、いった。

「これが拙者の無手勝流さ。さ、船頭、あんな厄介者《やっかいもの》にかまわず船を進めなさい」】

新潮社刊　新潮文庫　森本哲郎『日本語　表と裏』より

空欄に、「武士を島に残したまま、岸から船を漕ぎ出した」など、武士を置き去りにして島から離れていったことを表す文章を入れることができれば正解です。

琵琶湖で船に乗っているときに勝負を挑まれた塚原卜伝が、勝負を受けるふりをして武士を島に置いてきたというエピソードは、昔から講談などで取り上げられてきました。日本人の思考を語るこの作品は、入試問題によく使われています。

私の教室でも二十年近くこれを六年生にやらせてきました。答えに、武士を島に残してきたという要素を書き忘れる子どもが多いのですが、二、三年に一度は、「釣りを始めた」などという珍解答を見かけます。

船を漕ぐための「棹」を知らないで、「さお」という振り仮名から釣りを連想してしまうようです。問題文にはどこにも釣りのことなど書かれていませんから、明らかなルール違反です。

さらに、「棹」で釣りを連想してしまったことで、生活体験の乏しさも露呈しています。釣りをした経験があれば、釣り具店などで「竿」の字を見たことがあるかもしれません。

また、どこかで渡し舟を見たり、乗ったりした経験があれば、「棹」の意味もわかります。家族で遊びに行く場所が遊園地とショッピングモールばかりだと、こういう珍解答になりがちです。

問題文にないことを書くと面白い答えにはなりますが、採点する人はそれを見たら苦笑して×をつけるしかありません。

## 記述問題は三回書き直す

算数では計算が合っているかどうか見直しをするのに、国語では自分が書いたことを見直ししない子どもがいます。とくに記述は、文章を書いてしまうと安心してしまうのか、見直しがおろそかになりがちです。

先ほどの「釣りを始めた」と書いてしまった子どもたちも、見直しをしていれば、「昔の船を漕ぐ棒も『さお』だったな」と思い出したかもしれません。

そこで、私の教室では「最初に書く答えはだいたい間違っているから、二、三回書き直せ」と言っています。

子どもをおどかすために言っているのではなく、記述問題で最初に書く答えは、国語が得意な子どもでもミスが多いのです。

非常に多いミスは、主語の抜けです。日本語は主語がなくても普段の会話ができるためか、主語のない文章を書いても、なかなかミスに気づかないところもやっかいです。

たとえば、

「みんなが町に行ってしまったから」

というのが求められている答えだとします。ところが、主語を忘れがちな子どもは

「町に行ってしまったから」

と書いてしまいます。完全な間違いではないのですが、〇にはなりません。

解答欄に書く文章は、主語述語がはっきり示され、意味がわかりやすい文章であることが理想的です。

長めの文字数の記述問題では、国語が苦手な子どもは、早く終わらせようとするあまり、「…で」「…ので」と、無理やり文章を長く続けてしまいます。一つの文の中に「ので」が二回入っていても、書いている本人は気づかないのです。長く書きすぎて、最初の方と終わりの方では主語が異なっている文章を書いているのに、二回くらい見直しても、まだ気づかないことがあります。

五回くらい見直して本人が気づいてくれればいいのですが、本人が気づかず、親が気づいた場合は音読することを勧めてみてください。

算数と同じように、自分で「これなら正解」と確信が持てるまでは、何度やり直しても構いません。

国語でも算数でも、一発で正しい答えが出せることは、必ずしもすばらしいことではありません。あきらめずに、何度も何度も書き直しをして「これが正しい答えだ」と思えるまで試行錯誤できる方がずっとすばらしいのです。

## 形式のルールと内容はセットで正解

算数の問題では、「答えは、小数点以下を四捨五入して書きなさい」「合計で、何mになりますか」といったように、答え方が指定されています。これをきちんと読んでいないと、四捨五入しない、求められている単位とは違う単位で答えを出すなどのミスで、失点になります。

国語の場合も、設問にふさわしい答え方ができないと、得点できません。

理由を述べなさいという問いの場合は、「○○だから」という言葉で締めくくることができないと、○○の部分は合っていても得点されないか、△の扱いになります。

また、「…は、どういうことですか」という問いに対する答えは、「○○ということ」という言葉で締めくくります。

「何字以内で書きなさい」という問いに対しては、それにふさわしい文字数で答えます。文字数をオーバーするのはもちろん、少なすぎるのもよくありません。

「本文中から抜き出して書きなさい」という設問では、自分で言葉を言いかえることは許されません。

こうした形式上のルールは、問題をやっているうちに身につけていくものなので、テストの経験が少ない子どもは頻繁に間違えてしまいます。小さい頃から塾に通っている子どもの方が、上手にルールを守ることができるかもしれません。でも、形式上のルールを守っていても、書いてある内容が間違っていると、どうしようもありません。

形式上のルールに沿った答えを書けるとそれだけで安心してしまい、内容が合っているかどうかまで見直さない子どももいます。でも、設問で問われている内容を求められている形式で答えて、初めて正解になるのです。

## 登場人物の気持ちを勝手に想像しない

私は教室で「国語でも算数と同じように、書かれていないことを想像してはいけない」と口をすっぱくして言っているのですが、国語の得意な子どもでも、物語文の登場人物の気持ちを問う問題では、ついつい自由な想像を働かせてしまいがちです。

「このとき主人公はどんな気持ちだと思いますか？　選択肢から選びなさい」

「〇〇さんはなぜそんなことを言ったのでしょうか？　選択肢から選びなさい」

といった設問に出会ったときに、「自分ならどういう気持ちだろう？」と考えてしまう子どももいます。

「自分なら」と考えるのは文学鑑賞としては悪くない態度ですが、問題を解く態度としては正しくありません。問われているのは、「登場人物の気持ち」であって、「あなたの気持ち」ではないからです。

このような間違いを子どもがしてしまうのは、国語教育のあり方にも原因があります。日本の学校教育では、国語と道徳がごちゃまぜになっていて、相手を思いやることを国語の授業の中でも求められます。そのため学校の物語文の授業では、教師がしばしば「こんなとき、あなたならどう思いますか？」

と質問し、子どもに手を挙げさせます。

これもやはり文学鑑賞の態度としては間違いではないのですが、小学生に求められる読解力の本筋からは離れています。

読解力の本筋とは、書いてある文章を正しく読み取ることです。「自分だったら」の想像をふくらませることではありません。

よって、読解問題では登場人物の気持ちを、頭の中で想像してはいけません。想像する代わりに、問題文をあらためて読み直し、気持ちに関連した言葉を見つけ、目印に線を引きましょう。手を動かして算数の問題を解くように、国語も手を動かして解いていくとわかりやすいでしょう。

問題文の中の登場人物の気持ちを表す部分には、四つのタイプがあります。

一つ目は、「〜と思いました」「〜という気持ちでした」「〜と感じました」と、はっきり書いてあるものです。これらを見つけるのは、とても簡単です。

二つ目は、会話の部分です。会話のやりとりの中にカギになる言葉があります。カッコの中の言葉だけでなく、「と、大きな声で言いました」「と、ためらいながら言いました」など、どのように言ったかにも注目します。

三つ目は、登場人物の顔の表情で気持ちを表す部分です。「くちびるをかんでいました」「ほおをふくらませました」「目を見開きました」など、顔のパーツが出てくる箇所はたいてい心の動きを表します。

ただ、表情を表す言葉には、普段の生活ではあまり使わないものがかなりあります。そのため読書量の少ない子どもは、意味がわからないことがよくあります。そんなときは、文章に書いてある顔を自分で作ってみればいいのです。顔や身体に関する言葉は、言葉通りのことをやってみると意味が自然にわかります。

四つ目は、登場人物の動作です。気持ちを表す動作には、一定のパターンがあります。たとえば、

・ショックを受けた人は、よろけます。
・悲しい人、落ち込んでいる人は、下を向きます。
・怒っている人は、ものに当たります。テーブルをどんと強くたたいたり、ドアをわざと強く閉めたりする人は、怒っています。
・疲れた人は、しゃがみます。

そのほかにも私たちの動作には、たくさんのパターンがあります。

セリフのないマンガでも登場人物の気持ちがわかるのは、無意識に動作や表情から気持ちを読み解いているためです。同じことを文章の中でやれば、登場人物の気持ちはバッチリ読み解くことができます。

これら、登場人物の気持ちが表現されている部分の中でも、設問になりやすいのは、登場人物の気持ちがグッと上がっていく部分と、ガクッと下がっていく部分です。そこに印をつけておくと、その前と後での変化がわかりやすくなります。

## 算数の条件整理で、国語の問題文を整理する

問題文を読み解くことは、問題文の中身を整理することでもあります。算数の条件整理では、表や数直線、図などを使います。国語の問題文も、それらを使って整理をすると、内容がわかりやすくなります。

ある程度の時間の流れが描かれている物語文やエッセイは、数直線でタイムライン（年表）を作ります。

時間を表す数直線の目盛りは、時間、年など、内容に合わせます。思い出についての問題文では、語り手が語っている時代と、思い出の時代が違いすぎるので、途中を省略します。

タイムラインの目盛りの上の空間には出来事を、下の空間にはそのときの気持ちを表す言葉やキーワードを入れていきます。そうすると、時間の変化と気持ちの変化が一目瞭然です。出来事の起こった前後で何が違うのかを問う問題では、出来事が起こる前についての書きこみが答えのカギとなります。

人間関係を図形にするのも、とても良い方法です。人間を頂点に、登場人物が三人いれば三角形、四人ならば四角形が作れます。四人のうち三人がグループを作っていれば、

四角形の中に三角形を描くことができます。関係の遠近を辺の長さで表すこともできます。

高学年なら、集合の図を使い、問題文に登場するものや人間を仕分けることもできるでしょう。説明文風のエッセイに出てくる、ものの名前の整理などに向いています。

説明文ではチャート図を作る方法も一般的です。子どもの読む本にはあまりチャート図は出てきませんが、ビジネス書には必ずあります。家庭にビジネス書があれば、手本としてみせてあげてください。ビジネス雑誌にもよく掲載されています。

なお、新聞は国語の勉強に良いと言いますが、新聞は白黒ページが多く、小見出しが少ないため、今どきの小学生の興味を引くにはやや弱いようです。小学生新聞だと読みやすいでしょう。また、ビジネス雑誌や『アエラ』はカラーページが多く、写真や図版、表も多いため、小学生に大人の言葉の世界をのぞかせる材料としてお勧めです。

## 入試の答案の文章はフツウがいい

国語の入試問題に「この文章を読んで、あなたが考えたことを書きなさい」「思ったことを書きなさい」など、長めの文章を書かせるものがあります。

算数のテストでは子どもたちは自分の個性や内面を出そうとは思いませんが、国語でこの手の問題を見ると、「自分らしく書こう」と張り切ったり、逆に萎縮したりするようです。

素直で純真な子は、思っていることを言葉にして自分の心の中を人に見られるのが怖いらしく、この手の問題をとても嫌がります。

「何かカッコいいことを書かなくては」と焦ってしまい、何も書けなくなってしまう子どももいます。これは男子にありがちなパターンです。

他の人たちとは違うことを書いて、個性を出そうと頑張ってしまう子どももいます。こちらは、文章を書くのが好きな女子に多く見られるパターンです。

いずれにしても、とんでもない勘違いです。

学校側が知りたいのは、子どもの人格でもなければ、ましてや文学的才能などではありません。

問題文を読んで思ったこととして、まともな文章を、正確な日本語で書けるかどうか、それだけです。

入試では、どんな問題にも正解があります。正解は、ごくフツウの当たり前の文章です。子どもたちに求められている解答は、それ以上のものではありません。

本人がどうしてもやりたいなら止めはしませんが、ごくフツウのまともな答えを求められている試験で、カッコをつけたり、自己主張したりすると、大抵減点されてしまいます。

子どもが正直かどうかを調べることが目的ではないので、解答はその子が本当に思っていることでなくても×にはなりません。正直におかしなことを書いて落とされるよりも、学校から求められる正解をまともに書いて合格すべきです。なにしろ、入試なのですから。

「子どもには自由に伸び伸びと文章を書かせた方がいい」と思う人もいるでしょう。

しかし、「自由に伸び伸び」は、子どもたちが趣味として勝手にやればいいことです。教育の場で教えるべきは、相手から何を求められているかを理解し、その場にふさわしい言葉づかいでまともな文章を書くスキルです。それがないと、大学のレポート、就職試験の作文、仕事の企画書なども書けません。

入試で長めの文章を書かせる学校側も、伸び伸びとツイッターでつぶやくようなことを書く子どもよりも、まともな文章が書ける子どもを入れたいと思っているはずです。

ですから、私は教室の子どもたちに、「マルがもらえそうなら、ウソを書いてもいい」「自己主張するな」と言っています。

## 計算ドリルのような漢字練習は役に立たない

計算問題と並ぶ宿題の定番に、漢字の練習があります。単純な計算問題は子どもが算数を嫌いになる原因の一つになっていますが、一般的な漢字練習も国語を嫌いになる原因ではないかと思います。

一般的な漢字練習とは、教科書に出てくる新出漢字を、教科書に出てきた通りの熟語で何回も書かせるタイプの漢字練習です。

この方法では、もし教科書で「観」という漢字と「察」という漢字を、「観察」という熟語で学習したとすると、「観察」を十回くらい書かせます。子どもはだいたい三回書けば飽きてしまい、それ以降は手を動かしているだけになります。十回書き終わるときには、ほとほとウンザリしています。

今の親の世代も、小学生のときに同様の宿題を出された覚えはないでしょうか。私もやらされました。もちろん嫌いでした。漢字は苦手ではありませんでしたが、覚えた漢字でも何回も書かされ、子ども心にも納得がいきませんでした。

ウンザリするほど繰り返して正しく書けるようになることを、「手で覚えた」という人もいます。でも、十回書けば手で覚えるというなら、漢字の形だけでなく、意味や使い方も覚えるようなやり方で十回書いた方が効率的です。

せっかく二つの漢字を学習するにもかかわらず、一般の漢字練習のやり方では「観客」「観光」「観測」「警察」「視察」「察知」などの熟語を書けない恐れがあります。時間も労力ももったいないです。

漢字を学習する目的は、日常生活で不自由なく漢字を読み書きできるようにすることですから、教科書に出てきた形にこだわる必要はありません。「観察」を十回書くことを宿題にするよりは、「観」と「察」を使う熟語を各五個ずつ、国語辞典や漢字辞典で探すことを宿題にしてもらいたいと思います。

教科書に訓読みで出てきた漢字も、訓読みで十回書くよりも、その訓読みを使う短い文章を三つ作らせることで三回書き、その漢字を使う熟語を五つ調べる方法で合計八回書く方が身につきます。短い文章を作る作業は、同音異義語の区別を覚えるときにも、とても効果があります。

熟語を調べていると、その漢字の持つ意味や、使われ方の特徴などを知ることができます。それにより、後でその漢字を使った未知の熟語に出会ったときにもおおよその意味を推測できるようになります。同音異義語でミスをするのも、漢字の意味がわかっていないときが多いのです。

このやり方で漢字を学習していけば、子どもの語彙力は劇的に上がります。現行の学習指導要領で小学校の六年間で学習する漢字は千六字ですから、一字につき三個の熟語を調べた場合は合計三千個以上、五個なら五千個以上の言葉とともに小学校を卒業できるのです。

そして何より、ただ漢字を書くよりは、調べながら書いた方が、子どもは頭を使います。漢字を書きながらボーッとするより、頭を使って漢字を調べる方が楽しい学習となります。

学習指導要領ではどの漢字をどの学年で学習するか決まっているので（「学年別漢字配当表」というものがあります）、熟語で漢字練習をする場合は、低学年でも無理のないよう、習っていない漢字はひらがなで書いてもよい、という決まりにすると取り組みやすくなります。

ただ、そういう決まりを作っても、多くの子どもは習っていない漢字を書きたがるでしょう。難しい漢字は見た目にカッコよく、それが書けることもカッコいいからです。漢字ドリルが嫌いな子どもたちも、漢字そのものは嫌いではないのです。

パソコンや携帯端末の普及により、大人が手で文字を書く機会が減っている今、そもそも漢字を書く練習をする必要はないのでは、という意見もあります。でも、私は小学生が漢字を書けるように練習する必要は、今も十分あると思います。その理由は、漢字の知識がないと漢字変換を正しく使えないことと、書く練習をした方が記憶にしっかり残るからです。

また、日本で勉強する以上、漢字を使わない科目はありません。社会科の地名や人名はもちろん、理科でも物質の名前や現象の名称など、多くの用語を漢字で書きます。中学校以降の定期試験では、国語以外の科目でも解答欄の漢字が正しく書けていない場合は減点されることが多いようです。入試でも、マークシート方式以外の試験では、今まで通りに答案は手書きでしょう。

やがては子どもたちが就職試験や昇進試験を受けるときもやって来ます。これらの試験でも手書きで作文や答案を書くことになるでしょう。英語ができても、履歴書や作文に同音異義語の間違いがある人は、ビジネスマンとして「使えない」印象を与えかねません。

子どもたちの人生にはこれから数多くの試験が待ち受けているのですから、小学生で学習する漢字くらいはきちんと書けて、正しく使えるようにしてやりたいものです。

## 入試問題に挑戦！

ではここで、中学入試問題に挑戦してみましょう。

【あなたは、私たちがまだ学校にも行かない子供だった頃、私が母に連れられてあなたの田舎のお家によく泊りに行ったことがあったのを、思い出して下さるでしょうか…。もう、随分昔のことです——。それは、汽車に長いこと揺られて行く遠い所にある、とても大きなお家でした。そこで、あなたのお父さんは、いつも白衣を着、ぴかぴか光る聴診器を胸にさして、診察室の回転椅子に坐っていました。私たち子供は、恐い診察室の反対側にある小川の音の聞こえる裏座敷でよく遊びましたね。そして、二人でよく積木を高く高く重ねて行って、どちらが倒れずに高く積めるか、競争したことがありましたね。思い出して下さるでしょう。私たちは、幼児時代のいつになっても決して暮れようとしない長い長い夏の午後を、丸ビルより高いわよとか、こっちは三越より高いぞとか（a）挙句の果ては、エンパイヤーステイトビルだとか、エッフェル塔だとか、（b）うろ覚えの言葉に遥か遠い異国の（c）風物を夢みながら、一心に積木を重ねつづけ、競争しつづけたものでした。

でも、そうした遊びの続いたある日、その積木遊びがもとで、あなたが私を泣かせてしまったことがあったのを、覚えていらっしゃいますか。あの日、その遊びに熟達した私たちは、二人とも殆ど自分たちの背丈に近い高さまで、積木を重ね競っていました。そして二人は、その上に更に高く重ねようと一生懸命になっていました。

けれども、実を言うと、あの時の私には、どちらが高く積み上げるか、あるいは、どこまで高く積み上がるかなどは、どうでもいいことでした。少なくとも一番大事なことではありませんでした。幼い私には、あなたと一緒に遊べさえすれば、積木を段々高く積み上げて行くのも面白ければ、それがあっという間に崩れてしまうのも、胸がわくわくするほど楽しく感じられたのでした。普段東京の家で、仲の良い近所の友だちも年の近い兄弟もいず、一人ぼっちだった私には、一つ違いのあなたと遊べることが、何よりも楽しかったのです。私は、積木が一つ載ったと言っては威張ってみせ、ぐらりと揺れたと言っては声を上げて喜んでいました。

が、最後の一つをとうとう載せそこなって、折角積み上げた私の塔ががらがらっと崩れてしまった時です。はしゃいだ私は、思わず、「(　　A　　)」と叫んで、手を打ち飛び上がり、大仰に驚いてみせました。と、

「馬鹿!」

あなたはいきなりそう言うと、とてもこわい目をして私をにらみました。

私はびっくりしました。何故おこられるのか、判らなかったのです。だって、二人でこんなに楽しく遊んでいるのに、おこられる理由なんか、何もないはずでした。それだのに〔原文ママ〕、あなたは本当に真剣なこわい顔をして、私をにらんでいるのです。

　あなたは、あっけにとられている私に、もう一度、

「静かにしなよ。倒れちゃうじゃないか」と言うと、また、倒れないで高くそびえている自分の塔の方へ向き直りました。

　私はそれでも、すぐには、（　B　）、それであなたが怒ったのだということが、よく呑み込めませんでした。もし、あなたの塔も倒れたら、それこそ二人で「大地震だ、大地震だ」とさわげばいいのにと思いました。けれども、あなたは、そんな私に背をむけて、また積木を一つ手にとると、もう随分高く積み上がった積木の塔の上に、それをそっと、実にそおっと、実に緊張した様子で載せようとしていました。それは、一緒に遊んでいる私のことなど、もうすっかり忘れてしまっているのでした。あなたは一遍積木を重ねはじめたら、（　C　）、ただそのことだけに夢中になって、最初の、一番肝心な、（　D　）ということなど、思い出そうともしないのです。私はそれに気がつくと急に悲しくなってしまい、思わずわあーと泣き出してし

まいました。そして、

「地震よ！　地震よ！」

と涙声で叫びながら、身体中でぶつかって、（d）あなたの塔を滅茶苦茶にこわしてしまったのでした。】

文藝春秋刊　文春文庫　柴田翔『されど　われらが日々─』

第一問　傍線（a）（b）（c）の言葉の意味で正しいものを選び、それぞれ記号で答えなさい。

（a）イ、おしまいには　　ロ、おろかなことには　　ハ、結果的には
ニ、言葉の上では　　ホ、遠い所では

（b）イ、意味のわからない　　ロ、記憶の不確かな　　ハ、心がけの悪い
ニ、人から伝え聞いた　　ホ、見たことのない

（c）イ、自然の事物　　ロ、季節の感じを表しているもの　　ハ、風景または季節
ニ、生活のありさま　　ホ、ながめとして目に入るもの

第二問　（　Ａ　）に入る五字以内の言葉を考えて書きなさい。

第三問（　B　）に入る二十五字以内の言葉を考えて書きなさい。

第四問（　C　）に入る二十字以内の言葉を考えて書きなさい。

第五問（　D　）に入る十五字以内の言葉を考えて書きなさい。

第六問　傍線（d）どうしてこんなことをしたのですか。正しいと思うものを二つ選び、記号で答えなさい。

イ、「あなた」に自分の相手をしてほしかったから。
ロ、「あなた」が憎らしくて遊びたくなかったから。
ハ、怒られたのがくやしくてしかえしがしたかったから。
ニ、塔が憎らしくてこわしてしまいたかったから。
ホ、積木を最初からやり直したかったから。

（一九八五年度ラ・サール中学入試問題より）

## 実践！　消去法で国語の問題を解く①言葉の意味

国語の選択問題では、正解から遠い順に消していくのが鉄則です。では、例として挙げた入試問題の第一問、言葉の意味で正しいものを選ぶ問題を、消去法で解いていきましょう。

最初は、「挙句の果ては」です。

これは、「挙句」という言葉が、連歌、連句の最後の七七の句に由来することを知っていれば答えはすぐにわかりますが、知っている子どもはほとんどいないでしょう。

言葉の意味を正確に知らない場合は、選択肢の言葉を「挙句の果ては」の代わりに当てはめてみて、文脈に合わないものから順番に消去していきます。

すると、ニ（言葉の上では）、ホ（遠い所では）が合わないことはすぐわかるでしょう。

ロ（おろかなことには）は、子どもがはしゃいでいる場面に合っているように感じる人もいるかもしれません。しかし、思い出を否定的に描いているわけではないので、これも消します。

残る二つの選択肢、イ（おしまいには）、ハ（結果的には）のうちのどちらかを消さなければなりません。こういう場合、反対語を考えてみるのも一つの方法です。

「おしまい」の反対語は「はじまり」、「結果」の反対語は「原因」です。問題文では、丸ビル、三越、エンパイヤーステイトビル、エッフェル塔の順に出てくるので、丸ビルとエッフェル塔の関係が「はじまり」と「おしまい」なのか、「原因」と「結果」なのかを考えましょう。

「原因」と「結果」の間には因果関係がありますが、丸ビルとエッフェル塔の間には因果関係がなく、ただ思いついた建造物の名前を並べているだけなので、ハ（結果的には）が消え、イ（おしまいには）が正解になります。

また、イ（おしまいには）は、「次には」「三番目には」などと同じく、順序を説明する言葉です。それに対し、ハ（結果的には）は、結果から見てどうかをいうのに使います。そのため、ハ（結果的には）の後には、一般的に「良かった」「悪かった」「正しかった」など様子を表す言葉が続きます。このことからもハは間違いだとわかります。

次は「うろ覚え」です。

問題文では、「うろ覚えの言葉に」となっていますから、「言葉」とつながらない、ハ（心がけの悪い）とホ（見たことのない）はすぐに消えます。初めて出会う言葉には、

「聞いたことのない」を使うものです。

次に、「うろ覚えの言葉」が問題文でどの言葉を意味するのか文中を探してみると、それは「エンパイヤーステイトビル」と「エッフェル塔」です。子どもたちは、どちらも高い建物であることを知っているので、イ（意味のわからない）が消えます。

残るは、ロ（記憶の不確かな）とニ（人から伝え聞いた）です。

問題文に当てはめると、どちらもそれほど違和感がありません。しかし、「うろ覚え」という言葉の、「覚え」と「伝え聞く」は似た言葉ではありません。一方、「覚え」と「記憶」は意味が近い言葉です。よって、ニが消え、ロが残ります。消去法を使えば「うろ覚え」を知らなくても、「覚える」の意味を知っているだけで解ける問題です。

ちなみに、「うろ覚え」の「うろ」は、わずかなことを意味する古語「おろ」が変化したものです。一般の辞書にはそこまでの説明はありませんが、語源を知っていた方が意味がわかりやすい言葉です。

最後は「風物」です。

問題文で風物に当たるものは、丸ビル、三越、エンパイヤーステイトビル、エッフェル塔です。これらはいずれも人工的な建造物なので、イ（自然の事物）、ロ（季節の感じを表しているもの)、ニ(生活のありさま)の三つの選択肢が消えます。

残り二つの選択肢、ハ(風景または季節)、ホ(ながめとして目に入るもの)を見比べてみましょう。ハの「風景」は当てはまりますが、「季節」は当てはまりません。ホの「ながめとして目に入るもの」は当てはまらない部分がないので、ハが消えて、ホが正解になります。

「風景」と「ながめとして目に入るもの」は言葉の意味は同じなので、ハの選択肢が(風景)だったら、ハでもホでも正解になりますが、ハには「季節」という余計なものが入っていますので、ハとホのどちらがより適切かを考えるとハを消すしかありません。

選択肢問題は、正解の選択肢を選ぶのではなく、間違いを含んだ選択肢を順に消していくとすっきりと解くことができます。正解の選択肢にはそれが正解である明確な理由はありませんが、正解以外の選択肢にはそれが不正解である明確な理由があるのです。

三問とも正解できたでしょうか? 一問目では、まぎらわしい選択肢に、イラッとしたかもしれませんね。

国語では、読書量が多く語彙が豊富な子どもが、圧倒的に有利です。逆に本を読まない子どもは、物語文でよく出る言葉に触れる機会がなく、まぎらわしい選択肢に引っかかってしまいます。つまり、語葉力の差が出てしまうのです。

## 実践！　パズル感覚で空欄に当てはまる言葉を書く

第二問から第五問は、問題文の空欄に当てはまる言葉を考えて書く問題です。

こうした問題で絶対にやってはいけないことが、「〇字以内の言葉を考えて書きなさい」と書いてあるのを文字通りに受け止め、自分の頭で答えを考えることです。頭に思い浮かんだ言葉を指折り数えているようでは、国語の点数は取れません。

設問の本当の意味は、

「空欄を埋めるのに良さそうな言葉を問題文の中から選び、〇字に調整しなさい」ということです。その字数が短くても長くても、問題文の中から見つけた言葉をパズルのように当てはめていくのがポイントです。

それをふまえて、第二問を見てみましょう。

空欄Aは、「はしゃいだ私が思わず」言った言葉です。それに合うような、五文字以内の言葉を「考えて」書きなさい、という問いです。つまり、本文中からヒントを探して書きたまえ、ということです。

まずは、「はしゃいだ」という言葉に注目しましょう。「私」は、興奮して、大きな声を出したようです。ここまでわかって、いきなり想像をふくらませるのは厳禁です。必

ず失敗します。想像に任せて、

「キャー！」（四字）

「やった！」（四字）

「あぶない！」（五字）

などと答案に書きこんでいるようでは論外です。正解のヒントは、問題文の中から探さなくてはいけません。

ヒントを探しながら読み進めていくと、「あなたの塔も倒れたら、それこそ二人で『大地震だ、大地震だ』とさわげばいいのにと思いました」という文が出てきます。

「二人で」ということは、「私」はすでにそのような言葉を言って、一人でさわいでいたのです。

「はしゃぐ」と「さわぐ」は意味が似ています。「私」は空欄Aで、「大地震だ」に近い言葉を言ったのでしょう。

さらに読み進めていくと、終わりの方で「私」は、「地震よ！　地震よ！」と叫んでいます。

原作では「大地震だ！」（五字）となっていますが、

「地震だ！」（四字）

「地震よ！」（四字）

「地震」という言葉が入っていれば正解だと思われます。

第三問は、二十五字以内です。この空欄Bは、「、それであなたが怒ったのだということが」と続くことから、怒った理由が示されているはずです。

「あなた」が怒った理由のヒントは、その前の「静かにしなよ。倒れちゃうじゃないか」という会話文です。「あなた」は自分の塔が倒されそうになったことに怒っていたのです。

そこで、それを素直に入れてみると

「私はそれでも、すぐには、（あなたの塔が倒れそうになり）、それであなたが怒ったのだということが、よく呑み込めませんでした」

悪くはなさそうですが、これではなぜ私が怒られているかがわかりません。また、二十五字以内という制限に対して、答えが十三字というのは明らかに不足です。

考えてもみてください。自分が出題者なら、答えが十三字のときに「二十五字以内で」という設問にしますか？　しませんよね。「二十五字以内」と記されている場合は、答えは二十一字以上二十五字以下なのです。

この場合は、私が何をして塔が倒れそうになったかを加え、より詳しく具体的に説明しましょう。

さて、「私」が何をしたのか、問題文をあらためて見てみます。

すると、怒られる直前に、自分の塔を倒し、「手を打ち飛び上がり、大仰に驚いてみせました」とあります。

これを空欄Bに当てはめると、

「私はそれでも、すぐには、（私が手を打ち飛び上がり、大仰に驚いてみせ）、それであなたが怒ったのだということが、よく呑み込めませんでした」

文字数は悪くありませんが、肝心の（あなたの塔が倒れそうになり）という部分がスッポリ抜けています。

そこで、（あなたの塔が倒れそうになり）の前に入れたい、「手を打ち飛び上がり、大仰に驚いてみせました」という行動を表す短い言葉を問題文に探してみます。

すると、やはりありました。「それこそ二人で『大地震だ、大地震だ』とさわげばいいのに」の、「さわぐ」です。これを使って答えを完成させます。

「私はそれでも、すぐには、（私がさわいだのであなたの塔が倒れそうになり）、それであなたが怒ったのだということが、よく呑み込めませんでした」

二十一字です。

「さわぐ」の代わりに、「はしゃぐ」を選んだ人もいるでしょう。その場合も不正解ではありませんが、乱暴な動きまでもを連想させる「さわぐ」の方が適切です。

第四問は、文法の問題でもあります。途中まではこれまでと同じように、空欄に当てはまりそうな言葉を問題文から探します。

空欄Cの前には、「あなたは一遍積木を重ねはじめたら、」とあり、後ろには「、ただそのことだけに夢中になって」とあるので、空欄Cに入るのは、「あなた」が夢中になって熱心にやっていることです。

問題文の中には他に「夢中になって」を使っている個所はなく、「熱心に」も見当たりませんが、「その上に更に高く重ねようと一生懸命になっていました」があります。

これを使ってみると、

「あなたは一遍積木を重ねはじめたら、（その上に更に高く重ねようと）、ただそのことに夢中になって」

文章としてはおかしくありませんが、短すぎます。設問には「二十字以内で」とあるので、正解は十六字以上のはずです。

問題文の中に、「その上に更に高く重ねようと」に似ていて、もう少し長いものを探します。すると、「どこまで高く積み上がるか」を見つけることができます。

しかし、この二つには大きな違いがあります。「高く重ねようと」しているのは人間ですが、「高く積み上がる」のは積木なのです。

「（積木は）どこまで高く積み上がるか」を、人間を主語にして言いかえると「（あなたは）どこまで高く積み上げられるか」になります。これを空欄Cに当てはめてみましょう。

「あなたは一遍積木を重ねはじめたら、（どこまで高く積み上げられるか）、ただそのことに夢中になって」

ほぼ正解のようですが、十四字しかありません。十六字にも満たないのは、足りないものがあるということです。空欄の中に書いた言葉をもう一度見てみましょう。

（どこまで高く積み上げられるか）

足りないものは、「何を」に当たる部分のようです。でも、「積木を」としてしまうと、一つの文章で「積木を」を二回使うことになるため、「それを」にします。

「あなたは一遍積木を重ねはじめたら、（どこまで高くそれを積み上げられるか）、ただそのことに夢中になって」

これが正解です。「それを」の位置は、「どこまで」の前でもよいでしょう。

問題五は、空欄Dの直前に「一番肝心な、」という大きなヒントがあります。「肝心」という言葉を知っていれば、「一番大事な」と同じ意味だとわかるでしょう。

ここで、「この女の子にとって一番大事なことは何かな?」と考える人は、問題文をきちんと読んでいなかったと思われます。すでに、ここにいたるまでに「一番大事なこと」が出てきているのです。

問題文の前半で、「あなたと一緒に遊べさえすれば〈略〉胸がわくわくするほど楽しく感じられたのでした」とあるのが、それです。

ここから言葉を引っ張って、空欄Dを埋めてみましょう。

「一番肝心な、(あなたと一緒に遊んでいる)ということなど、思い出そうともしないのです」

思い出そうとしないのが「あなた」であるのに、空欄にも「あなた」が入ってしまいました。そこを修正すると、

「一番肝心な、(私と一緒に遊んでいる)ということなど、思い出そうともしないのです」

十字になりました。これでも間違いではありませんが、「十五字以内で」という問題なので、もう一字欲しいところです。原作では、「のだ」をつけて、語調を強めています。つまり、百パーセントの正解は、

「一番肝心な、（私と一緒に遊んでいるのだ）ということなど、思い出そうともしないのです」と、なります。

小学生向けの問題ですが、大人がやっても難しかったのではないでしょうか。空欄を埋める問題は、ちょっと難しいくらいが楽しいのです。見つけた言葉がピタッとはまると、算数の答えを出したときのような気持ちよさが感じられます。

国語が苦手な子どもは、長い文章を見ただけで身構えてしまうようですが、パズルのつもりでやればいいと思います。また、それが正解への近道でもあります。

## 実践！　消去法で国語の問題を解く②登場人物の気持ち

第六問は、登場人物の気持ちに当てはまるものを、選択肢から選ぶ問題です。

自分の子どもがこの手の問題でしょっちゅう間違っていると、「この子は他人の気持

ちがわからないのかしら？」と不安になるかと思います。

しかし、「人の気持ちがわかるかどうか」は問題を解く際にあまり関係ありません。国語は問題文の中に必ず答えがあります。〇〇〇と書いてあるからこの答えになるというように、根拠となる言葉を探すのです。文章を読み込むことをせず、もし自分だったらこうするなどと、感情移入してはいけません。入試の国語では自己主張することは厳禁です。


さて、問題に移ります。

問われているのは、語り手の「私」が泣きながら「あなたの塔を滅茶苦茶にこわしてしまった」理由です。五つの選択肢から間違っていると思うものから外していきます。

外す作業に入る前に、語り手が「あなた」の塔を泣きながら破壊するという事件が起きるまでの過程を、整理してみましょう。

『幼い「私」は、「あなた」を慕い、一緒に遊べることをとても喜んでいた。そして、事件が起きる直前まで、二人は一緒に競い合うように積木を高く積み上げていた。

しかし、「私」が自分の塔を倒してしまい、大騒ぎすると、「あなた」は急に怒り出した。「私」は怒られたことに驚いた。
「あなた」は怒った後、「私」のことを忘れ、自分の積木を高くする作業に戻った。そして事件は起こった。』

整理してみると、男と女の痴話喧嘩のようになります。それは、「私」が「あなた」に対して強い好意を抱いているためです。「私」は、遊びの内容はどうあれ、「あなた」といる時間を特別だと感じています。

そこで、ロ（「あなた」が憎らしくて遊びたくなかったから）は、必然的に消えます。「私」は「あなた」と遊びたくてたまらないのです。

幼い恋愛感情と関係のない、ホ（積木を最初からやり直したかったから）も、消しましょう。「あなた」は積木が倒れそうになっただけで怒るのですから、倒されるともっと激しく怒るでしょう。積木を最初からやり直すことはあり得ません。

ハ（怒られたのがくやしくてしかえしがしたかったから）は、一見正解のようにも思われます。しかし、問題文には「くやしい」に関連する言葉が一つもないのです。代わりに、「あっけにとられて」と「悲しい」があります。「私」は怒られたときはびっくりしすぎて何も感じることができず、その後で「あなた」が自分のことをないがしろにして塔を建てているのを「悲しい」と思ったのです。「しかえしがしたい」という感情に関連する言葉もないので、ハも消します。

よって残るのは、イとニです。

ニ（塔が憎らしくてこわしてしまいたかったから）は、大人の発想で考えると間違っているように見えるかもしれません。しかし、問題文から「私」が、「あなた」を「積木の塔」に奪われたと思っていることが読み取れます。言葉をかえれば、「私」は「積木の塔」に嫉妬しているのです。

泣きながら塔にぶつかっていった理由は、積木の塔をこわすことで、相手の関心を自分に取り戻したいという気持ちによるものだったのです。

よく、男の子は幼いので物語文は苦手だと言う方がいますが、そんなことはありません。

このような問題では、おませな女の子の方が問題文を読み取ることができるのかもしれませんが、本文中の言葉を丁寧に拾い、冷静に分析すれば正解にたどり着けます。

# 第四章

# よく考えることは、よく生きること

## 学力は健康から

世の中の母親は、自分の子どもと同じクラスに際だって成績のすぐれた子どもがいると、こう言います。

「あの子は頭のできが違う」

特別よくできた脳を持っている、ということのようです。でも、本当はその子どもの脳の作りが特別なわけではありません。

個人によって体格が違うように、脳も重量に個人差があるなど、多少の違いはありますが、基本設計は同じです。

ものを考え、学ぶ能力も、人間の脳に基本的に備わっている機能です。子どもが心身ともに健康であれば、ものを考え、学ぶ力も身体の成長とともに育ちます。

ところが、教育熱心な親ほど、「子どもの学力を伸ばしたい」と言うわりに、体に負担をかけることを子どもにやらせたがる傾向があります。塾の宿題をさせるために睡眠時間を削るのは、その最たるものでしょう。

睡眠は大切だと理解している親でも、中学受験のための進学塾に通わせていると、小学六年生なら、平日の週三回、午後九時まで塾に通う生活が当たり前だと思うようになってしまいます。私自身も、大手の進学塾で塾講師をやっていた頃はそう思っていました。

でも、冷静に考えれば、午後九時まで塾にいて、午後十時近くになって帰宅し、それから、食事、入浴、宿題をするような生活は、小学生にとって極めて不健康です。不健康な生活をさせて、学力だけすくすく伸ばすことはとても困難です。

現在の私は、好きなだけ眠る方が学力は伸びると確信しているので、保護者にはいつも、「子どもの学力を伸ばしたいなら、たっぷり眠らせてください」と言っています。

あるとき、私の教室に通っている子どもの母親から、「六年生になって急に塾の成績が落ちてしまった」と、相談されたことがありました。詳しく聞いてみると、この子は大手進学塾に通っていて、睡眠時間がどんどん減っていることがわかりました。子どもは見るからに疲れている様子で、私の教室でも集中できていませんでした。塾でも集中できているとは思えません。疲れているせいか、家でもあまり話をしないということだったので、私は大手塾をやめさせることを提案しました。

受験まで一年を切っている時期に大手塾をやめるのはとても勇気のいることです。でも本人の意志で大手塾をやめ、私の教室だけに通うようになりました。

すると、すぐに変化が表れました。

今まであまり表情のなかった子どもに、明るい表情が見られるようになり、授業にもより真剣に取り組めるようになりました。その結果、半年程すると、模試の成績が少しずつ上がり、最終的には進学塾に通っていたときは到底無理だと言われていた学校に入学できました。

十分に睡眠を取り、疲れたら休むということを実践しただけで、その子どもの学力は飛躍的に向上しました。

たっぷりの睡眠で学力が高くなるのは、昼間学習したことは睡眠中に脳内で整理されるなど、睡眠中の脳の活動が記憶などに関係しているためと言われます。また、よく知られているように、子どもの成長に不可欠な成長ホルモンが分泌されるのも睡眠中です。

医学的に睡眠の大切さが解明されはじめている一方で、現代の日本では、大人だけでなく子どもたちの睡眠時間も少なくなっています。文部科学省が平成十八年から「早寝早起き朝ごはん」の運動を始めたことにより、子どもの睡眠時間の減少に歯止めがかかったとも言われますが、三十年前に比べるとまだ少ないのではないでしょうか。

三十年前、今の親が小学生だった頃、翌日学校のない土曜日でも、子どもはテレビ番組『8時だヨ！　全員集合』を見終わったら布団に入るものでした。土曜日以外は、小学生の子どもに午後八時からのテレビ番組を見せない家庭も多くありました。

アメリカの国立睡眠財団（National Sleep Foundation）は、人間に必要な睡眠時間として、五〜十歳で十〜十一時間、十〜十七歳で八・五〜九・二五時間、大人で七〜九時間としています。日本とアメリカで国柄が違っていても、子どもの発達は国籍で変わるものではありませんから、日本人もこれを必要な睡眠時間の目安としてよいでしょう。

ベストな睡眠時間には個人差があり、六年生でも「睡眠時間が十時間必要」という子どももいます。

私の教室にも、中学受験を控えているというのに、毎日十時間眠っている子どももいました。「睡眠時間を削ると、集中して勉強ができなくなるから」とのことなので、そのまま見守っていたところ、この子は受験前日まで一日十時間眠りながら第一志望の超難関校に合格しました。

「よその子は夜中まで勉強しているぞ」と中学受験生にハッパをかける親もたくさんいますが、これからはぜひ「よその子どもは十時間眠ったから合格したんだぞ」と布団に入れてやってほしいと思います。

受験直前、子どもが自分から夜遅くまで勉強したいと言い張る場合は好きにさせても構いませんが、それ以外は、午後九時に寝ると決めたら、勉強の途中でも午後九時に寝かせましょう。

「勉強が終わってから」などと例外を許していると、午後九時のはずが、いつのまにか九時半になり、十時になり、どんどん後ろにずれていきます。

たまたま問題の解き方を考えている途中だった場合、子どもは「眠ったら、わからなくなる」と嫌がるかもしれません。でも、眠ったからといって、眠る前に集中して考えていたことを忘れることは、絶対にありません。むしろ眠っている間に情報が整理されて、眠る前よりも考えが進んでいることがよくあります。

眠る前に一生懸命に頭を使っていた子どもほど、このような睡眠の効果を実感することができます。そして、眠って頭が良くなることがわかったら、無駄に遅くまで起きていようとは思わなくなるでしょう。「寝る間を惜しんで勉強する」のではなく、「悩む間を惜しんでたくさん眠る」のが正しいのです。

## 考える力を伸ばす親子の会話

家族にとって、家は安らぎの場所です。まるでハウスメーカーの宣伝のようですが、「家に帰ってほっとする」というのが、普通だと思います。でも、中には「家に帰ってほっとする」と思っていない子どももいるようです。

子どもにとってわが家が居心地の悪い場所となる原因が、家そのものにあることはまれです。狭い家でも、派手なインテリアの家でも、子どもは大人が考えるほど気にしていません。反対に、どんなにすばらしい家でも、家族との関係が良くないと、わが家は居心地の悪い場所になってしまいます。

家族の中でも、とくに子どもと多く接する母親との関係は重要です。母親が専業主婦の場合、子どもは帰宅した瞬間に母親の顔を見ることになります。

子どもにとって家を居心地よい場所にするために、母親はいつも笑顔でいるのが理想的です。母親がおっかない顔で家にいるのがわかっていたら、大人でも家に帰るのがイヤになるでしょう。

また、家族同士が、平和に会話できることも、家の居心地をよくする上で大切です。何か一言言うたびに「それじゃダメ」と否定されたり、「そんなことより勉強しなさい」と命令されたりすると、子どもは口をきかなくなってしまいます。

子どもが家庭で安らぎを感じ、会話を楽しめることは、子どもの精神の健康に良いだけでなく、学力向上にもつながります。子どもは親子の会話の中で、言葉の使い方や、論理の基本を学ぶからです。

たとえば、親子の会話の中で、親に「どうして?」と質問され、「だって…だから」と説明するのは、論理的思考の出発点とも言えます。

子どもの言葉がとくに鍛えられるのは、どうしても欲しいものがあるときです。子どもは「みんな持っているから」など、つまらないウソをついて親を説得しようとしますが、それを頭ごなしに「ウソをつくな」と否定してはいけません。いきなり否定するのは、せっかく芽生えた論理の芽を踏みつぶすのも同然です。

明らかにウソをついている場合でも、親は冷静に「ふむふむ」といったん子どもの説明を受け入れた上で、「みんなって誰のことなの?」「でも、さっきこう言っていなかったっけ?」などと、論理の矛盾をついていきます。

特別なおねだり以外でも、夕食のメニュー、今度の休みに行きたいところなど、どんな小さなことでも子どもの希望を聞いてみると、子どもの言葉の力を少しずつ鍛えることができます。

ささいなことでも、「あなたはどうしたい?」「あなたはどう思う?」と子どもに意見を言わせ、その理由も聞いてみましょう。もちろん、たいした理由でなくていいのです。

「今日の夕食のメニュー、何がいい?」

「カレー」

「なんで？」

「今月一度もカレーを食べていないから」

このようにごく普通の会話でも、子ども自身に希望と理由を言わせることで、論理的思考力を育てていくことができます。

ただ、希望と理由まで言わせておきながら、毎回毎回本人の希望を否定してしまうと、子どもは「どうしたい？」と質問されても答えなくなります。希望を聞く以上は、予算や時間等の条件を示した上で、毎回でなくても何回かに一回くらいは、子どもの希望をかなえてあげましょう。


また、子どもの意見を聞くと、親としては疑問に思うこともあるでしょうが、それにも「なるほど、なるほど」と耳を傾け、最後までしゃべらせてやりましょう。子どもの話の途中で「それは違う」と割り込んでしまうのは、「人の話は最後まで聞く」という会話のマナーに違反することになります。また、子どもがいったん「親は自分の意見を聞いてくれない」と思うようになると、自分の意見を言わなくなるので、親はまず聞き役に徹しましょう。

親の聞く力が高いほど、子どもは自分の意見が言いやすく、会話がはずみます。でも、親が子どもの話を聞くことは、子どもの言いなりになるということではありません。

話を聞いてみて、納得できないところがあったら根拠を尋ね、やはり納得できなかったら、「こういう理由で、賛成しない」とはっきり言って構わないのです。それは、子どもにとってかわいそうなことではありません。理由がはっきりわかっていれば、子どもも作戦を練り直して、再度挑戦することができます。また、しゃべっている途中で、自分の過ちに気づくこともあるはずです。

ただし、質問と詰問は全く別です。詰問を続けると喧嘩になってしまいます。子どもに根拠を尋ねるときや、親が自分の意見を言うときは、たとえ一時的に子どもに腹が立っても穏やかに話しましょう。

## 本好きに育てれば、子育ては半分成功

子どもを本好きに育てれば、それだけで子育ては半分成功したようなものです。少なくとも、国語、理科、社会は「勉強」として頑張らなくても、読書を通じて、興味を持って勉強できます。

子どもによっては、図鑑ばかり読んでいたり、ファンタジー物語ばかり読んでいたり、読書の傾向に著しい偏りがある場合もありますが、小学生のうちはそれほど気にしなくてもいいでしょう。公立図書館に連れて行ったら、勝手に好きな本を選ばせてやってください。

昆虫や動物が好きな子どもは、図鑑が好きでしょうから、図鑑から入った後『ファーブル昆虫記』や『ドリトル先生』シリーズなども、読んでみれば好きになるかもしれません。ファンタジー物語ばかり読んでいる子どもなら、『ソフィーの世界』のような哲学的な本も気に入りそうです。図書館の司書に子どもの読書傾向を話してお勧めの本を聞いてみるなど、親がちょっとした手助けをすることで、子どもが読む本のジャンルは大きく広がります。

読書の幅を広げることとは、子どもの語彙の幅を広げることになります。語彙の豊かさは、国語に限らず、さまざまな場面で自分の思いや考えを他人に伝え、また、他人の気持ちを推察することに役立ちます。

そして、人生のスタート地点に立っている小学生には、さまざまな本でいろいろな世界を知り、他人の人生を疑似体験できることが、とても大きな意味を持つと思います。

人間は誰もが一つの顔で生きているわけではありません。悪人とされる人が家庭では優しい父親だったり、偉人として歴史に残る人が残酷な心の持ち主だったり、表の顔と別の顔があっても、一人の人間であることには変わりありません。さまざまな人間が語り手となった本を読むことで、子どもは人間の内面の複雑さや生きることの不思議に触れ、自分のこれからの生き方をイメージすることができます。

また、子どもの世界は人間関係が複雑で、心を開いて語り合うような友だちはなかなかできないかもしれませんが、本の中で多くの人に出会うと、学校や家庭だけが自分の世界の全てではなくなります。つまり、読書によって自分の世界が広くなるのです。

実際には学校と家を往復するだけの毎日かもしれませんが、「これ以外の世界もある」「親とは違う生き方もある」「友だちとは違う意見もある」と本の中で確認できていると、外の世界とつながっている分だけ心のスペースは広くなります。

読書のペースは、週に一度親子で地域の図書館に行き、三冊程度の本を借り、次の週までに読み終わるぐらいが理想的です。

本を読むペースは速ければ速いほどいいというものでもありません。

学校で読書カードがあり、そのスタンプを押したいがために、一日二冊のペースで読み進めるような子どもは、ただストーリーを追って斜め読みをしているだけかもしれません。

斜め読みをできるスキルもないよりはあった方がいいかもしれませんが、それでは読書を楽しんでいることにはなりませんし、語彙は増えません。確実に増えるのはスタンプだけです。

でも、斜め読みでページをめくっているだけでも、毎日本にさわっていれば、そのうち斜め読みなどできないほど、自分に強く訴えかけてくる本に出会うはずです。そのときには、一語一語味わい、深く読むことが自然にできるようになります。子どもが毎日斜め読みに励んでいても、心配しなくて大丈夫です。

その子どもは、今はまだ「本が好きな自分が好き」という状況かもしれませんが、そのうち本当の本好きになるでしょう。

## 百科事典や辞書はリビングに

親世代が子どもだった頃、マイホームブームというものがありました。そして、郊外に建てたマイホームの応接間の本棚に百科事典を並べることが大流行しました。今の子どものおじいちゃん、おばあちゃんの家には、当時買った百科事典がまだあるかもしれません。

もしあれば、ちょっと手に取って見てください。いまだに中身はピカピカではないでしょうか。

応接間の百科事典は半ばインテリアだったので、ほとんど使われていませんでした。日本中がこのとき、百科事典にこりごりしたのか、マイホームブームが去った後は、一般家庭で百科事典を買う人は激減しました。

でも、百科事典や辞書が家庭にあるのは、とても良いことです。何か調べたいときにすぐ調べることができれば、生活しながら知識を豊かにすることができます。それなのに、マイホームで最も使わない部屋である応接間に百科事典を置いてしまったのは、昭和の日本人の大失敗でした。

一方、近年は子どものための百科事典が隠れたブームになっています。各出版社は孫に甘いおじいちゃんとおばあちゃんの財布を狙っているのか、さまざまなタイプの子ども用の百科事典が刊行されています。

子ども用の百科事典も子ども部屋の本棚に並べてしまうと、昭和の百科事典と同じく、あまり活用されない恐れがあります。おじいちゃん、おばあちゃんが孫を賢くしたいなら、百科事典を買う前にリビングに並べてもらえるかどうか息子・娘（あるいはお嫁さん）に相談し、ほどよい棚もあわせてプレゼントしてやると「さすが、子育てのキャリアが違う」と感心されるでしょう。

国語辞典や漢字辞典もリビングに置くべきです。小学生の大半はリビングで勉強しているので、子ども部屋に置いてしまったら宝の持ち腐れになります。

今どきの住宅は二十畳もある広いリビングも珍しくありませんが、辞書を置くのはテレビを見る場所か食後のお茶を飲む場所の近くが理想的です。テレビを見ているときも、マンガを読んでいるときも、知らない言葉を気軽に調べることができます。

考える力の基本になるものは言葉です。本を読み、辞書で知らない言葉の意味を調べることで、子どもの語彙は増えていきます。子どもを賢くしたいなら、辞書を買うお金は惜しまず、いつも子どもの手が届くところに置くことが鉄則です。

子ども用の辞書は成長の段階に合わせて買い替えましょう。解説に振り仮名がなく、難しくて読めないような辞書は、低学年の子には向きません。

一方、高学年の子には低学年の辞書はもの足りないでしょう。中学受験の問題に出てくる言葉は、低学年向けの辞書には見出し語になっていないかもしれません。また、入学のときに低学年向けの辞書を子どものために買うのなら、ついでに親向けの辞書も一緒に買うことをお勧めします。

「お母さん、この言葉はどういう意味？」と子どもが聞いてくることがあります。そんなときは親子で辞書引き競争をしましょう。同じ言葉でも、子ども用の辞書と大人用の辞書では、説明の内容が異なるので、それをお互いに読み比べてみると楽しいはずです。

## 電子辞書より紙の辞書

大人の場合は、携帯電話の辞書機能や電子辞書があれば、紙の辞書の必要性を強く感じないかもしれません。しかし、語彙を増やす段階にある子どもたちは、電子辞書ではなく紙の辞書を使うべきです。

その理由は、紙の辞書では同じ見開きにある言葉全部に目が行くからです。一つの言葉を調べることをきっかけに、たくさんの未知の言葉に出会うことができます。

また、紙をめくるよりも電子辞書でピピッとその言葉を呼び出す方が早いように見えますが、電子辞書や携帯電話では画面が小さく文字が読みにくいため、解説を読むのに紙よりも時間がかかります。

しかも、どの説明がピッタリくるのかを比較するときに、電子辞書ではページをいったりきたりしなければならず、かえって面倒です。

「せわしい」「せわしない」の違いを調べたいときも、紙の辞書なら一つの見開きで二つの言葉を比較できます。

文章を書くときにも、辞書をどんどん使いましょう。自分が書いた文章で、しっくりこない言葉があるときは、その言葉を辞書で引き、自分の言いたいことにピッタリ合いそうな類語を探します。

自分の言いたいことを表す言葉は、一回の辞書引きで見つかるとは限りません。最初に見つけた言葉がちょっと違うような気がしたら、調べたばかりの言葉の解説に書いてある類語を、あらためて辞書で引いてみます。そのように「これだ」と思う言葉に出会うまで試行錯誤しながら辞書を引く習慣を身につけると、語彙が豊かになり、洗練された文章を書けるようになります。

付箋を貼ったり、蛍光ペンで塗ったりする作業ができるのも、紙の辞書ならではの良さです。

調べたことのある言葉に付箋を貼る、「この言葉をいつか使おう」と思ったときに付箋を貼る、覚えにくいことわざのページに付箋を貼るなど、本人の工夫でいろいろな使い方ができます。

国語辞典だけの家庭もあるようですが、漢字辞典は小学生の漢字練習には欠かせません。筆順を確認したり、その漢字の成り立ちや熟語を調べたりするのに活用することができます。以前の学年で学習した漢字は、漢字辞典がないと筆順の確認が難しく、間違った筆順のクセがついてしまう恐れがあります。漢字辞典は国語辞典ほど注目されない存在ですが、漢字練習をするときのお供として、小学生必携の道具と言えます。

筆順をインターネットで調べることもできますが、漢字辞典で調べた方が早く見つかる上、筆順の他に音訓や、使い方なども確認できて、とても効率的です。

また、漢字辞典こそ付箋を貼りたいので、紙の方が便利です。間違った漢字に付箋を貼り、覚えたら取るなど、漢字練習の目安に付箋を使います。

紙の辞書の難点は重いことですが、自宅用と学校用を用意するなど、いつでも気軽に使える環境を作っておきたいものです。

辞書を引く習慣が身につくかどうかは、本人の真面目さよりも、辞書を引くのが面倒でない環境で生活しているかどうかによります。

## 古風な日用品で学習の下地を作る

小学校で学ぶ内容は生活との関連性が高く、生活の中で下地を作っておくと、授業で学習したときにイメージしやすくなります。

「学習の下地を作る」とは、学校で学ぶ内容を先取りして学習することではありません。普段の生活の中で、教科に関連のあるものに触れておくことです。

たとえば、時計です。

最近は、家庭の時計もデジタル時計が多くなっていますが、算数の学力向上のためにはアナログ時計が不可欠です。時計の読み方を覚えられるだけでなく、十二進法に触れることができるからです。

私たちの身の回りの数は、基本的には十進法ですが、時間は六十進法です。その違いを言葉で説明しても子どもたちにはいまひとつピンとこないようですが、アナログ時計を使って生活している子どもは、秒針が六十目盛り進む間に分針が一目盛り進むことを経験的に理解できています。

時間や速さなどを学習するときも、アナログ時計をイメージして、時間を分数にした方が理解しやすくなります。

では、問題です。45分は何分《なんぷん》の何時間ですか？

「$\frac{45}{100}$時間」と答えた人は、デジタル時計派でしょうね。

時間は六十進法なので、45分は0・45時間や$\frac{45}{100}$時間にはなりません。答えは、

$\frac{45}{60}$時間です。つまり、$\frac{3}{4}$時間になります。

アナログ時計、ばね量り、てんびんなど、古くからある道具の方が学習との関わりがわかりやすく、仕組みが簡単なので、子どもたちの「不思議だな」「なんでこうなるんだろう?」という気持ちを引き出します。

一方、最新のデジタル機器や電気機器は、あまりにも高度なので、小学生の学習と関連づけることが難しく、親も口で仕組みを説明できません。

都会でハイテク機器に囲まれて暮らしている家庭ほど、意識的にローテクな日用品を生活に取り入れて、子どもにも見せながら計量したり、日曜大工をしたりすることが、先々の学習に役立つでしょう。

## 子どもをゲーム嫌いにする方法

「ゲームは百害あって一利なし」と私は常に親たちに訴えています。

子どもにゲーム機器を買い与えた時点で親の負けだと思うくらい、子どもにゲーム機器を持たせることには反対です。

派手な音と映像で子どもを引き込むゲームソフトは、子どもがはまるように、中毒になってどんどんお金を使うように、という狙いで作られています。ゲーム機器とゲームソフトを買ってやれば、子どもがそれに夢中になるのは当たり前です。ゲームを作っているのはプロの大人ですから、勝負は最初から決まっています。

見知らぬ人とグループを作って敵を倒すタイプのゲームをやっていて、「自分が今抜けたら、他の人の迷惑になる」と、学校に行かずろくに睡眠も食事も取らず、ゲームにはまっている子どももいます。本当は何が大切で、何が大切でないのかがわからなくなるのがゲームの世界です。

子どもはものすごく欲しがるでしょうが、どんなにねだられても買わないのが一番です。家族みんなで使えるタイプのものを、家族全員で楽しむために使うなら、百歩譲って認めますが、携帯型のゲーム機は絶対にダメです。

しかし、親がどんなに頑張っても、祖父母や親戚から「かわいそうじゃない」「ゲームぐらい買ってあげなさい」と圧力がかかり、最終的には「おばあちゃんが買ってあげるから、いいでしょ？」とまで言われて、断りきれないこともあるようです。

ついにゲーム機を手に入れた子どもは嬉しくてすぐゲームに夢中になってしまいます。でも、ここで親が降伏するわけにはいきません。

まずは、ゲーム機を使う際のルールを決めましょう。念願のゲーム機を手に入れたばかりの子どもは夢中になっているので、「親の目の前以外では使ってはいけない」「一日三十分のみ」「それがイヤならゲームを返してくる」と言えば、だいたいのことは受け入れます。

それでもルールが守れないときはこういう風に接しましょう。

子どもが学校から戻ったら、「今日はゲームをいつやるの?」ゲームをやっていたら、「上手になった?」「どこまでできたの? 見せなさいよ」などと、うるさく声をかけます。子どもを勉強嫌いにする声のかけ方を、ゲームでそっくりそのままやるのです。

親に時間があれば、子どものいない間に、ゲームを練習して子どもよりも上手になっておくのもいいでしょう。

子どもがゲームで苦戦していたら、「下手ねえ、こうやってやるのよ。簡単じゃない」とゲーム機を奪って、その面をクリアしてしまうのです。

子どもはだんだん「ゲームって思っていたほど、面白くないなあ」と感じるようになります。

## お手伝いと「ありがとう」

今の家庭には、食器洗浄機や乾燥機つき洗濯機、掃除ロボットなど、さまざまな便利な道具があるおかげで、親が子どもに対して「お手伝いをしてほしい」と思う場面が少なくなっているかもしれません。習い事や塾で忙しい子どもに、家では勉強をしてもらいたいと、お手伝いをやらせない家庭もあるようです。

でも、私は子どもの成長のために、時間がなくても、ちょっとしたお手伝いくらいは常にやらせた方がいいと思います。

その理由は、まず、自立して生きていくためには、家事が一通りできた方がいいからです。

進学、就職、結婚など、どのような理由にしろ、家を出ると、自分の身の回りのことは自分でやらなければなりません。ところが、親にやってもらうことを前提に生きてきた人は、「家にいた方が楽」と、自立に対してマイナスのイメージを持っています。家事をやったことがないので、自分で生活を管理するという楽しみが、彼らには想像すらできないようです。

子どもが将来親と同居するにしても、引退した親としては、家を留守にして旅行など、好きなことをしたいでしょう。そのとき、いい年をした子どもが「面倒を見てくれないと困る」などと言わないように、家事は小さいときからコツコツ教えていった方がよいのではないでしょうか。

お手伝いを勧めるもう一つの理由が、お手伝いをすることで家族に感謝され、「自分は役に立つ存在だ」という実感が得られることです。

人間は誰かの役に立っている、誰かに必要とされていることを感じないと生きていけない生き物です。でも、今の子どもがそれを感じられる機会は、多くはありません。塾で勉強を頑張っても、成績が上がらなければ「自分はダメな人間だ」と感じてしまいます。運動が得意でリレーで活躍できるなど、何かあればいいのですが、何にもないと感じている子もいるでしょう。

そんな子どもに「あなたは価値のある人間だ」と伝えるのは難しいことですが、子どもがちょっとしたお手伝いをしてくれたときに、「ありがとう」「とっても助かった」「えらいね」と言えば、ちゃんと伝わるでしょう。

新聞を持ってきてくれて「ありがとう」、洗濯物をたたむのを手伝ってもらって「ありがとう」、ペットボトルのビニールを取ってもらっただけでも「ありがとう」など、意識して「ありがとう」を言えば、一日に何十回か子どもに感謝の気持ちを伝えられます。

こうした小さな「ありがとう」の言葉や感謝も、毎日積み上げていけば、子どもの自信になっていきます。

いつか子どもが何かを頑張ろうとしたときに、それが大きな力になることは言うまでもありません。

## 本当に好きなことがある子どもは強い

私の知り合いに、好きなことだけやって生きてきた男がいます。

彼と知り合ったのは海外旅行先でした。当時、彼はダイビングのインストラクターとして働いていました。子どもの頃から学校が嫌いで、中学を卒業すると家出をして、すぐにダイビングの資格を取得したそうです。そして日本を出て、各国を転々としながらその国の言葉を覚え、ダイビングで生計を立てていました。

彼はコミュニケーション能力が極めて高く、相手の国籍・年齢・性別に関係なく、誰とでも仲良くなってしまいます。その点で、サッカーの長友選手に似ています。長友選手が試合中に敵のファウルを取ってくれた審判に、満面の笑みを浮かべて駆け寄りハイタッチをしているのを見たことがありますが、そんなことができるのも長友のサッカー選手としての強みです。私の知り合いも周りの人に好かれ、お客さんにも人気がありました。

その後、彼は海外の高級ビーチリゾートで旅行会社を立ち上げました。ダイビングと人と接することをとことん楽しみ、世界中に友人を作ってきた彼は、その経験を生かしてビジネスを見事に成功させました。

彼は決して特別な人間ではありません。中学を卒業してから、本当に好きなことだけをやるために世界に出ていっただけです。日本の高校や大学に通う無駄を省いたのは正解でした。

私は算数の指導者ですが、レベルの高い学校に進学することが、どんな子どもにもいいことだとは思いません。彼のように本当に好きなことがある場合は、中卒でそれをとことんやればいいのです。

ただし、好きなことの内容によっては、一生懸命に勉強してレベルの高い学校に進学する必要があるものもあります。たとえば、宇宙が好きな子が宇宙の研究を高いレベルでやりたいと思ったら、トップレベルの大学を目指すしかないでしょう。

それほど好きでなければ、「それは自分には無理」と簡単にあきらめてしまいますが、本当に好きなら必死に勉強します。

また、好きなことに没頭した経験は、勉強にも生かされます。私の教室でも、好きなことを勉強に生かしている子を何人も見てきました。

一般に中学受験で難関校を受ける子は、四、五年生でサッカーやピアノなどの習い事をやめてしまいます。塾の勉強が忙しくなり、練習や試合に参加できなくなるためです。いい中学に行かせるためには、習い事はあきらめさせるしかない。中学でまた好きなことをやればいい。親はそう思っています。

でも、本人の気持ちはどうでしょうか。親は「息子（娘）も納得して習い事をやめた」と思っていても、習い事をやめてしまった子どもは、「本当は続けたかったけれど、親にやめさせられた」と思っているかもしれません。そんな子どもが受験に失敗したら、必ず親をうらむでしょう。

私の教室は土日だけに開くので、中学受験をする予定の子でも、習い事を続けている場合が結構あります。こちらから習い事には口を出しませんが、親の方が心配して、「先生、六年生になっても習い事を続けて大丈夫でしょうか？」と聞いてくることもあります。そんなときは、「本人次第です。本人の気持ちをよく聞いてください」と言います。

本人が「中学受験の勉強を頑張りながら、どうしても続けたい」と言うなら、続けた方がいいでしょう。習い事を続けたために勉強する時間がなくなり、受験に失敗したとしても、それは本人の責任です。子どもも、選んだのは自分なので、親をうらんだりはしません。でもそういう子はほとんど失敗しません。

時間的には厳しいと思いますが、私の教室の子どもたちを見ていると、習い事を続けることが、受験勉強でもいい方に働いていることが多いようです。好きなことを頑張る集中力を勉強にも生かして、短い時間でメリハリのある勉強ができるのでしょう。「好きなことを続けるために、勉強も頑張らなくちゃ」という緊張感もあるようです。

そのため、サッカーやバイオリンなどの習い事を受験ぎりぎりまで続けた子どもたちが志望校に合格しています。

## 器用貧乏にならない

好きなことをとことんやることは、どんなものでも子どもの力になると思います。

子どもが好きになったものが、昆虫でも恐竜でも構いません。没頭できるものに出会えればそれでいいのです。

ところが、多くの親は子どもが大好きなことにあまり関心を持ちません。

昆虫が大好きな子が昆虫採集をすれば、「気持ちが悪い」と、せっかく集めてきた虫を捨てさせます。

きれいな石を集めて家に持ち帰っても、「それ、どうするの？」とけげんな顔をします。親の冷たい反応にもめげず、好きなことをあきらめない子どもなら、心配しなくても大丈夫です。

「それなら、親が止めても大好きなゲームで遊んでいる子どもを認めるべきでしょうか」という質問には、私は「それは違う」と答えます。

ゲームをすることは、他人の作った妄想の中でプレイすることです。自分自身で想像したり、工夫したりすることができません。テレビを見るのと同じで、受け身になることしかできないのです。銃で撃たれても痛みのない遊びですから、感覚が磨かれることもありません。

子どもが「ぼくはゲームが好きだから、ゲーム・クリエーターになれるかもしれない」などと言い出したら、「ゲームが好きな人はただのゲーマーだよ。『クリエーター』は『創る』ことが好きな人がなるものだよ」と教えてやってください。

親が、子どもが好きなものに出会うチャンスを作ろうと努力をするのは、子どものためにいいことだと思います。でも、これもあまりやりすぎてしまうと、ただの器用貧乏になってしまう恐れがあります。

器用貧乏とは、百点満点で六十点くらいのアイテムばかりをたくさん持っている人です。数は多くても、どれもぎりぎり合格点をクリアしているレベルですから、本格的な勝負には使えません。それで世界と戦うなんて絶対無理です。

そこそこの器用さは、職場で役に立つかもしれませんが、結局は便利に使われるだけで終わりです。特別に好きなものがあるわけではなく、大活躍できる分野を見つけるのは難しいことでしょう。

わが子にそんな人生を歩んでほしいと願う親はいないでしょう。

ところが、教育熱心な親ほど、子どもを器用貧乏に育ててしまいがちです。子どもの才能を伸ばそうと習い事をどんどん増やしてしまうのが、典型的なパターンです。

小さな子どもは素直ですから、親に「やってごらん」と言われると、真面目に取り組みます。すると、器用な子どもはすぐに他の子よりも上手にできてしまいます。親はそれを見て喜びます。

でも、初めてやって上手にできたとしても、それは「初心者にしてはできる」ということです。もっと上のレベルを目指すには、それに全力を傾け、努力をしなくてはなりません。

その努力の前に、教育熱心な親は「この子には◯◯もやらせてみたい」と他の教室にも通わせます。そこでも器用な子は「初めてにしては上手」と言われて、親はすっかり嬉しくなってしまいます。

同じことが何度か繰り返され、子どもは日替わりで別々の習い事に通うようになります。どこかの段階で、「これが好きだから、これを頑張る」と何か一つを選ぶべきなのですが、器用な子どもは一つを選ぶことができません。

そのくせ途中でやめることを脱落だと思い込み、過密スケジュールで疲れていても、「頑張って続ける」と言い張ります。

親はそんな子どもを、「本人が頑張りたいと言うのだから」と応援します。習い事の教室でも「頑張り屋さんだ」とほめられます。本人もそんな自分に満足しています。

でも、この子は本当には何も頑張ってはいないのです。

とことん好きなものがなくて、今までやってきたことを惰性で続けているだけです。

全力を傾けて頑張ってみようと思うほど好きなものがあれば、それ以外を迷わずに捨てることができるはずです。

全力で頑張ると、必ず挫折を経験します。「こんなに頑張っているのに」と苦しい思いをすることもあるでしょう。でも、本人が好きでやっているのなら、その苦しさに耐えて努力を続けることができます。上に行けば、さらに上の努力が必要です。好きなことを頑張る努力には終わりがありません。

好きなもの一つを全力で頑張っていないと、挫折も半端になりますし、それを乗り越えるための努力をする時間が十分に取れないので、結局は大きく伸びることができず、全力で一つのことを頑張っている子どもに抜かれていきます。下から抜かれていくと、だんだんイヤになってしまい、「本気じゃないから」というポーズを取ってごまかすようになります。

習い事をいくつもやるのは、全力で頑張らないクセをつけてしまうので、時間とお金の無駄です。子どもの幸福な人生を願うなら、小学校時代は本人が本当に好きなことだけをとことんやらせましょう。

好きなことを全力で頑張った経験は、必ず子どもが生きていく力になります。

# 第五章

# 親はあれこれ考える前に、愛して信じる

## 子どもの強い味方になる

母親は子どもの一番の味方。世間ではそのように言われています。私も塾講師になるまでは、そのように思っていました。

でも、塾講師を続けているうちに、そうではないと気づきました。少なくない母親は、子育てをしているうちに、子どもの味方ではなくなってしまうようです。母親たちがわが子に「〇〇しちゃダメよ」「〇〇しなさい」と数々の命令を下しながら、厳しい視線を向ける様子は、「見守る」というより、「見張る」です。

それでいて、「わが子のために」を錦の御旗のように振り回し、「わが子のためなら、どんなことでもやります」と言います。こういう親に限って、本人のためにならないことを平気でやります。

「味方」とは応援し、支えてくれる存在ですが、味方でなくなった母親たちは、本人が望んでいないことを無理やりやらせ、「頑張れ、頑張れ」と声をかけています。これでは応援ではなく、無理強いです。

親が無理やり勉強させようとしても、本人が望んでいなければ効果はありません。嫌々やることが、うまくいくわけはありません。

親として正しい応援のやり方は、子ども本人の意志による、目標に向かっての挑戦を応援することです。

「でも、本人に任せていると、いつまで経っても勉強しない」

このように言う親は、誰かが子どもにやる気を起こさせ、勉強をさせてくれれば成績が上がると信じています。塾や学校が「面倒見の良さ」を売りにするのは、そんな親の気持ちをよく知っているからです。

面倒見の良い人にあれこれと世話してもらって勉強するのは、旅行でいえば、観光もホテルも三度の食事も全部セットになった団体旅行のようなものです。全てプロにお任せなので、交通手段を手配したり、現地の人と外国語で交渉したりする手間はかかりませんが、自分が本当に食べたいものや見たいものがあっても、勝手にそれを選ぶことはできません。

しかも、教育の場合は旅行と違って、面倒を見てもらえるのは、目的地に到着するまでです。東大や京大という目的地に到着したら、お客である子どもはその場にポンと一人で放り出されます。

そこから何をして、どう進んでいくのかは、本人が自分の意志で決めることです。本来なら何をしたいかによって行きたい大学や学部を決めるべきですが、これまで他人に与えられた課題をこなすことだけやってきた学生は、何をやりたいかを受験前にあまり考えていません。どの学部を受けるかも模試の成績で決め、そのことにさして疑問を感じていなかったのです。

こういう迷子のような学生が増えると、大学の方も大変です。親は「大学は面倒見が悪い」などと言いますが、大学は勉強したいことがある人が行くところなので、やりたいことがないのに行く方が間違っています。

十八歳といえば、ほぼ成人です。この年齢までに、大人として自立できるように育てておくべきところを、自分で物事を決められないような弱い人間に育てておいて、まだ他人に面倒を見てもらおうというのは間違いです。

本当に子どものためを思い、子どもの味方でありたいなら、子どもに何かを無理強いしたり、面倒見のいい人に任せるのではなく、自分で考えて行動する経験をどんどんさせるべきです。

そのためには、親自身が強く、賢くなければなりません。

賢い親は、最初から子ども自身で考えて行動したときに起こり得る失敗を見越しているので、子どもは伸び伸びと試行錯誤しながら考える力を伸ばすことができます。

強い親は、子どもが予想外の失敗をしたときも、親として正面からそれに向き合い、子どもと一緒に失敗から学ぶことができます。

私の教室に通っている成績優秀な子どもたちも、生活面ではときどき周囲をびっくりさせるほどの大失敗をやっています。

ある子は、小学生のときに次のような大失敗をしました。

この子は私の教室と別の塾を掛け持ちしていたのですが、ある日、塾の自習室で友だちから借りた文房具を壊してしまいました。でも、「人から借りたものを壊すなんて、なんてひどいことをするの」と言われるのが怖くて、正直に謝ることができません。悩んだこの子は文房具を胸のポケットに隠し、塾を出ました。

帰宅途中、文房具店で同じ文房具が売られているのを見かけます。「あ、同じのがある！」と思った瞬間、何も考えずにその中の一つを手に取り、思わず胸のポケットに入れてしまいました。そして、代わりに壊れた文房具を売り場の棚の中に入れ、その場を立ち去りました。

でも、店を出ると、この子は自分がやったことが犯罪だと気がつきます。急に怖くなって近くのデパートのトイレに飛び込み、お母さんに泣きながら電話をかけました。

電話を受けたお母さんは、子どもがなぜ泣いているのかわけがわかりませんでしたが、とにかく現地に急行します。そして子どもから直接事情を聞くと、子どもと一緒にその文房具店に行き、恐る恐る「お話ししたいことがあるのですが」と責任者を呼んでもらうように頼みました。

今度はお店の責任者がびっくりです。

「万引きした子どもさんの保護者に電話をかけて『お金を払えばいいんでしょ』と言われたことは何度もありますが、親御さんの方から謝罪にいらっしゃったのは初めてです」と、絶賛されたそうです。

子どもの万引きに気づいても、ほとんどの親はお店側が気づいていないのをいいことに、「二度としちゃダメよ」と子どもに注意するだけで終わらせることでしょう。それで万事解決かといえばそうではないはずです。心のどこかには「悪いことをした」のに、ちゃんと謝らなかった自分を責める気持ちや悔やむ気持ちがずっと残るはずです。

この子の場合も、友だちのものを壊したことをごまかそうとした気持ちから、万引きをしてしまったことを深く反省し、「できることなら謝りたい」という気持ちがありました。お母さんはその思いを察し、恥をしのんで、子どもと一緒に謝罪に行ったのです。

このお母さんのような強い気持ちを持って、子どもが失敗から立ち上がれるように支えてあげられる人こそ、本当の子どもの味方なのです。

## 親の一番大事な仕事は、待つこと

中学受験を控えている子どもの親から、「うちの子はやる気がなくて」という相談を受けるたびに、私は「親が口出しをしてはいけない」と力説します。

レベルの高い中高一貫校は、自分から勉強のできる子どもを欲しいと思っているので、周りが口出しをしたり、後押ししたりしないと勉強できないような子は、入試で落とされます。

模試と入試は全くの別物で、本当の入試問題では学校の個性がそのまま表れます。考える力のある子どもが欲しい学校は、見たことのない独創的な問題を出してきて、パターンの暗記で入試を突破しようとしている子どもをふるい落とすのです。塾に面倒を見てもらって間違って合格しても、学校の個性や校風に合っていないので入学後に苦しみます。

中学受験では志望校を決める前に、自分の子どものタイプを見極めることがとても大切です。親が口出しをしなくても自分から勉強ができる子どもなら、合格した後も心配はないでしょう。一方、親が口出しをしないと全然やらないなら、面倒見の悪い最上位校ではなく、面倒見のいい二番手校、三番手校を選ぶべきです。

「まずは二カ月、『勉強しろ』と言わないでください」

私は何十人もの親にこのように言い、講演会でも「勉強しろと言わないよう」に繰り返し言ってきました。

でも、本当に二カ月の間、何も言わないでいられた親は、ほんの数えるほどしかいません。そんなに難しいことのようには思えませんが、世の中の親、とくに子どもを中学受験させたい親には、とても難しいことのようです。

実行できた家庭によると、ニコチン中毒の人が禁煙したときのように、最初は注意したくて、注意したくて、黙っているのが苦しかったと言います。クセになっていると、そんなものなのでしょう。あまりにつらいときは、気分を変えるために家事に精を出したそうです。

その家庭では、二カ月経ったときにも劇的というほどの変化はありませんでしたが、その頃から子どもの成績が上がってきました。お母さんの「勉強しなさい」を言いたい気持ちもおさまったといいます。その後も子どもは少しずつ成績を伸ばしていき、最終的には教室に入ったときには無理そうに思われた志望校に入学しました。さらに六年後には現役で東大に入りました。

お母さんが「勉強しなさい」と言うのをやめただけで成績が上がった理由は、おそらく勉強に対する嫌悪感や、親に命令されることの不満がなくなり、自分から勉強できるようになったからでしょう。

子どもは「勉強しなさい」と言われると不愉快な気持ちになります。たとえ親子の関係でも、命令されるとイヤになって当たり前です。子どもを勉強嫌いにするには、「勉強しなさい」を毎日十回くらい言うのが一番効きます。

不愉快な気持ちのまま机に向かい、「あー、面倒くさいな」と思っていると集中力が落ち、時間がどんどん無駄に費やされることになります。これでは机に向かっている時間が長くても、効果はありません。

一方、自分から「そろそろやるか」と机に向かう場合は、スタートの時間が多少遅くなっても、不愉快な気持ちから立ち直るまでの時間のロスがなく、集中して取り組めます。

勉強を頑張ってもらいたいなら、子どもを急かしたり、何かを押し付けたりするよりも、好きにやらせた方が必ずうまくいくのです。

では、親にはなぜそれができないのでしょうか？

理由は、「自信がないから」の一言につきます。

わが子がのんびりしている間に、他の子は伸びていき、自分の子どもだけが取り残されるような気がしてしまうのです。しかし、だからといって、「勉強しなさい」と強制し、「こうすればいいのよ」と暗記させてしまうと、考える力がつかず、結局は自分の力で勉強できる子どもに追い越されてしまいます。

親ができることは、「信じて待つ」。それしかありません。信じる理由は、「愛しているから」でよいのです。

どんな親も、子どもを愛することはできていると思います。愛し方の上手下手はあるにしろ、愛していることは間違いないでしょう。

勉強を教えるのは不得意でも、家事能力はゼロでも、仕事ができなくても、親ならわが子を愛することができます。それは自信を持っていいのです。

「うちの子は大丈夫」と親が信じて、どんと構えていれば、子どもは安心していられます。その安心感が、子どもの伸びを促すのです。

子どもの成績を上げたい家庭は、お守り札の代わりに、紙に、

「信じて待つ」

と書いて、冷蔵庫の扉など目につきやすい場所に貼り、「勉強しなさい」と言いたくなったら、それを声に出して読んでください。

## 親の収入や学歴よりも教育で大切なこと

「教育格差」という言葉があります。親の収入が高いほど、良い教育を受けられ、良い大学に進学できるということです。

実際、東大生が在校生を調査したところ、五十三・五％の学生の親の年収が七百五十万円以上だったといいます（「二〇一一年学生生活実態調査」）。日本人の平均年収は約五百五十万円ですから、このデータを見ると今の日本では親の収入が高い子どもの方が教育面で有利であるように思われます。

また、朝日新聞とベネッセ教育研究開発センターが行った意識調査では、教育格差について「当然」「やむを得ない」と答えた保護者の合計が全体の約六割だったそうです。（『朝日新聞』二〇一三年三月二十一日　朝刊）

私の教室も、無試験先着順なのに、裕福な家庭の子どもたちがほとんどのようです。親の職業は、会社員、弁護士、医師、会社経営者などさまざまです。

彼らはよりよい教育環境を求め、わが子をトップクラスの私立中学に入れたいと考えています。私も、優秀な子どもが集まる私立中学の方が、子どもにとって望ましい教育環境だと思います。

でも、親の収入だけで子どもの人生が決まるわけではありません。親の収入が低くても、本人が勉強したいと強く希望し、親がそれを認めれば、子どもの人生を変えることはできます。

今は有名大学に行っても、輝かしい将来は約束されません。しかし、勉強を頑張り、世界で戦える力を身につければ、世界的な成功をおさめることも夢ではないのです。

それを親が支えるには、経済力よりも愛情が必要です。親が子どもを信じて見守っていれば、子どもは学ぶ意志を貫くことができます。

そんなことは建て前ではないか。

そういう風に思う人もいるでしょう。では、私自身の話に少しおつきあいください。

私は大阪の府営団地で育ちました。両親と五歳年下の弟とともに住んでいた団地の部屋は、台所やトイレを含めても、私が今住んでいるマンションのリビングルームよりも狭かったように思います。

所得が低いとはいえ、食べもの、着るものに困るほどではありません。とはいえ、私たち家族が食べるものや着るものは、お金持ちのそれとは違っていたでしょう。

世の中は一ドル三百六十円の時代です。私が小学生の頃の父の月給は十万円くらいでした。たったの三百ドルです。自分は一生飛行機に乗って外国に行くこともなく、ここで生きていくのだろうと思っていました。その頃の私にとって未来はそのようなものでした。小学生時代の私は、そんな環境で生きている自分に、何の不満や疑問も持っていませんでした。

勉強にはあまり興味がありませんでした。小学校の通知表は二と三ばかりです。家で勉強したことなどほとんどありません。

今は算数に関わる仕事をしていますが、当時は算数にも興味がありませんでした。「底辺×高さ÷２がどうして三角形の面積になるの？」などと考えたことは一度もありません。学校の授業で教えられた公式をそのまま覚えて、なんとなく問題を解いていました。

「暗記で問題を解くような算数は意味がない」と私が子どもたちにいつも言うのは、自分がそれをやって、本当に意味がなかったことがよくわかるからです。

勉強が苦手でも何か一つでも他の子よりもできることがあれば、自分に自信が持てたと思います。でも、私には何もありませんでした。

音楽も苦手でした。低学年のとき音楽の成績で一を取ったら、母親にピアノ教室に行かされました。でも、あまり興味がなかったので上達せず、一年くらいでやめました。

絵の教室、習字の教室にも通わされたことがあります。どちらもそれほど好きにはなれませんでした。紙に絵を描いても、筆で字を書いても、こんなことをやって何が楽しいのか、よくわからなかったのです。

それでも、私の母親が習い事を無理やり続けさせようとしなかったので助かりました。通い始めるときは母親が決めるのですが、行ってみて本人が乗り気にならなかったら、「頑張って続けなさい」とは言わないのです。そうでなかったら、小学生時代の私の生活はもっとつらかったでしょう。スポーツは、音楽や習字よりもさらに苦手でした。

そんな私に読書の楽しみを教えてくれたのは、小学校四、五年生の頃に学校の図書館で出会った江戸川乱歩の少年探偵団や、モーリス・ルブランのアルセーヌ・ルパンなどの探偵小説です。頭のいい人たちの知恵比べは私を夢中にさせました。少年探偵たちの都会的な言葉づかいの会話を追っていくのは、知らない世界の空気を吸い込むようでした。だんだん私は読書好きの少年になっていきました。

同じ頃、私の外見も変わってきました。五年生の頃は肥満児でしたが、丸一年、体重が増えず、身長だけが十センチくらい伸びたのです。すらりとした体形になると、少し自分に自信が持てるようになってきました。

中学生になった私は、大きな転機を迎えます。

中学生時代の私は小学校の頃よりも性格が積極的になり、成績は中の中から上の下くらいに上がりました。読書の範囲は、探偵小説から純文学、ＳＦにまで広がっていました。中でも筒井康隆氏の大ファンでした。

ＳＦ小説では、世界は一つだけではなく、この世界の他にも自分のいる世界が存在するという話がよくあります。そんな小説を読みなれていたせいでしょうか、中学生の私はあるとき、ふと、「自分も勉強をすれば、あっち側の世界に行けるかもしれない」と思いつきました。

「あっち側の世界」とは、自分の人生を自由にデザインできる人が住んでいる世界です。そこでは、優秀な人たちがたくさんのお金を稼いでいます。面白そうで刺激的な仕事があり、本を書く人もいます。飛行機に乗って、好きなところに行くこともできます。人々が文学や芸術を楽しみ、生き生きと輝いて生活している世界です。

一方、私のいた世界は、変化も刺激もなく退屈そのものでした。

周りの大人たちはつまらない仕事の愚痴をこぼすことはあっても、何かを変えようと努力することはしないのです。現状維持。私の両親も、それが最大の願いのようでした。上昇志向のカケラもないのです。

中学生の私は、「自分はこんな大人になりたくない！」「勉強して、あっちの世界に行き、後悔しない生き方をしよう！」と強く思いました。

これが、私の人生における第二の出発点です。

人間にとって第一の出発点は、母親の胎内から外の世界に出てくる瞬間でしょう。そのときは、本人が産んでくれる親や育つ環境を選ぶことなどできません。でも、第二の出発点では、自分でこれから進む道を選ぶことができます。

## 両親の信頼

自分にも可能性がゼロではないことに気づいた私は、勉強を頑張って東大に入り、学問で身を立てようと思いました。

いきなり東大を目指したのは、東大が日本の大学のトップで、二十歳までに家を出る決意を固めていたからです。私にとって大学とは、大阪の府営団地から遠く離れた世界にあるべきものでした。京大でもまだ近すぎました。

「東大に行くしかない！」と決意した私ですが、中学時代の成績がそれほど良かったわけではなかったので、地元の平凡な公立高校に進学しました。その高校で最も優秀だった生徒は、三浪して京大農学部に入ったと聞きました。

平凡な高校で普通に三年間を過ごすのは、受験勉強の時間の無駄だと思いました。私は「卒業資格だけ取れればいい」と割り切り、入学するとすぐに図書室で勉強するようになりました。

体育の時間はグラウンドに出ず、教室に残って本を読んでいました。担任もクラスメートも「あいつはああいうヤツだから」と放っておいてくれました。

しばらくして、大検に合格すれば高校を卒業しなくても大学受験ができることを知ります。それなら高校に通い続ける必要はありません。

十六歳の私は、一学年を修了すると、迷わず高校を退学しました。

普通の親なら、そんなことは絶対に許さないでしょう。

「取りあえず高校だけは卒業しなさい」と言うはずです。

ところが、うちの両親は反対しませんでした。親に反対されても私は自分の意志を通すつもりでしたから、「この子に反対しても無駄」と悟っていたのかもしれません。私の選択を認めてくれた両親には、とても感謝しています。

このときもし親に猛反対されて弱気になり、退学を断念していたら、と思うと、ぞっとします。うまくいかないことを、何でも親のせいにする人間になっていたかもしれません。親が私の挑戦を認めてくれたおかげで、今の私の人生があります。

高校に行かないで自宅にいる少年は、世間の目にどう映っていたのでしょうか。

私は自分の身分を「受験生」と定めていましたが、英検二級を受検した際、自分の「職業」を選ぶ欄では「無職」に丸をつけなければなりませんでした。該当するものが他になかったのです。「高校生」でないのはもちろんですが、一度も大学受験をしていないので、「浪人生」でもありませんでした。

当時の私の状態は、今の言葉では「引きこもり」が一番近いのかもしれません。ただ、外の世界に出ることを恐れて家に引きこもっている若者たちとは逆でした。私は必死で外の世界に出ていこうとしていたのです。

たとえ東大に入れなくても二十歳までに家を出ていくことを、私は決めていました。塾や予備校には通いませんでした。塾や予備校には当たりはずれがあるのがわかっていたからです。自分に合うか合わないかわからないもので、親に経済的負担をかけたくありませんでした。

そのかわり、Z会の通信講座だけは続けていました。解くのが精一杯で、返却答案の復習は一度もできませんでした。

自宅にばかりいると体力が落ちてしまうので、週に三、四回は近所にあるトレーニングセンターに行きました。

昼間のトレーニングセンターは中高年ばかりです。その行き帰りにも自分と同じ年頃の人と出くわすことはまずありませんでした。

週末に中学校時代の友だちと一緒に出かけることもありましたが、彼らには高校の友だちづきあいがありました。メールもソーシャルネットワークもない時代です。同世代の人と話す機会は、高校を中退して月日が経つほど少なくなっていきました。

私は一人ぼっちでしたが、一人で家にいる時間が一番落ち着きました。一人の方が集中して勉強ができました。

私が最も心安らぐ相手は、小さい頃から飼っていたインコや文鳥などの小鳥でした。その中の一羽を私がじっと見つめると、その小鳥も首をかしげて真っ黒い目で見つめ返してきます。目と目で見つめ合うと、孤独な心がほっとやわらぐことを知りました。

昼間、家族のいない静かな家の中で勉強するときに、小鳥たちを鳥かごから出しました。勝手気ままな鳥たちでしたが、いつも私のことを気にかけてくれたように感じていました。

単調な日々が何カ月も続き、精神的に煮詰まっていたある日のことです。私は母親にぼそっと「パチンコしたいな」とつぶやきました。

口に出したものの、親がパチンコを許すとは思っていません。「勉強するために高校をやめたくせに、なんでパチンコなんか」と怒られるだろうと予想していました。まだ法律で認められる年齢にもなっていませんでした。それなのに、なぜそんなことを言ったのか。親を試したんだと思います。

とにかく、私は「パチンコしたいな」とつぶやきました。

そのとき、全く予想外のことが起こりました。

母は間髪を入れずに満面の笑みを浮かべて、「行っておいで」と言うと、財布から百円玉を二つ出して私に渡してくれたのです。

その二百円を手にしてパチンコ屋に入ったときの私は、大きな昂揚感に包まれていました。

今は厳しくなりましたが、当時は年齢確認を求められることもありませんでした。

初日はあっさり負けましたが、とても楽しかったことを覚えています。それ以後、私は気分転換したくなると堂々と親に「パチンコに行ってくる」と言い、小遣いで二百円分だけ打ちました。そして、玉が出たらセブンスターと交換し、親にそれを買ってもらいました。パチンコはほとんど負けませんでした。

何カ月かすると十八歳になり、私のパチンコは法律違反ではなくなりました。

パチンコ台に向かっていると、ときどき満面の笑みを浮かべて二百円をくれたときの母親のことを思い出しました。

よほど子どもを信頼していなければできないことだと、子どもの私にもわかりました。

でも、母親が私を信頼している理由は、

「私が産んだ子だから」

それだけでした。

自分に対する何の根拠もない自信から、私を信頼しているのです。

あきれた親だと思いました。同時に、少しだけ尊敬しました。

その後、私は東大受験に失敗し、いよいよ「浪人生」になりました。しかし、生活はそれまでとあまり変わりません。自宅でZ会の問題をひたすら解き、トレーニングセンターに行き、たまに二百円でパチンコを打ちました。二浪はしたくないので、それまでの二年間よりも本気で勉強しました。

翌年の春、私は再び東大受験に失敗します。

もう一度、とは思いませんでした。「二十歳までに家を出る」という期限を守り、新聞販売店の住み込み従業員となって、早稲田大学に入学しました。

それから三十年以上が過ぎました。

今の私は中学生時代に夢見た、あちら側の世界に生きています。授業でも講演でも毎回自分のベストを尽くすことを自分に課し、刺激的な毎日を過ごしています。すばらしい人との出会いも数多くありました。ただ、小学生相手に授業をする仕事を通して多くの保護者と面談し、親としてのすばらしさは、社会的な地位や収入とは別だということもわかりました。

社会的に高い地位にいる人は、自分の子どもにその地位を受け継いでもらいたいという思いが強くなりがちです。たとえば、医院を経営する親は、子どもを医者にしたがります。そのせいで、子どもがその仕事に向いていない場合は、親も子どもも不満だらけの人生を送ることになるかもしれません。

子どもが親の期待に応えることができず、プレッシャーから親を殺害したという事件も過去、新聞で何度も報道されました。その親たちは、とても教育熱心だったと言います。その人が教育熱心でなかったら、子どもは別の分野で活躍できたかもしれません。少なくとも親を殺すという罪を背負うことはなかったでしょう。

また、日本ではアメリカのクリントン元大統領のように、自分よりも能力のある女性を伴侶に選ぶ男性は少ないようです。むしろ、成功した男性ほど自分とは正反対の、にこやかに家庭を守ってくれそうな良家の女性を好むように思われます。

でも、小学校からエスカレーター式で上がってきた大学を出て、親の選んだ通りの人生を歩いてきた女性が、自分の子どもが親の理想とは違う人生を選ぼうとするときに、温かく見守ることができるのでしょうか。

親が用意したレールを、まっすぐに走っていけば、子どもは幸福になれる。

そう信じている親を私はたくさん見てきました。

どうしてそう信じられるのか、私には不思議でなりません。自分の力でレールを作れない子どもは、レールにトラブルがあったときに、そこから先に進めなくなってしまうのです。

私の教室で学んでいると、子どもは自分でレールを作ろうとするようになるので、親と衝突することが増えます。

「親の言うことを聞かないで困る」と言う親がいると、私はその考えが間違っていることを遠慮なく指摘します。

自分で決めたことは頑張れますが、人から押し付けられたことは頑張れません。気持ちがついていかないからです。だから、子どもに「これをやってくれたら、ママ、嬉しいな」と要求するのは間違いです。

親思いの子なら、「ぼく、本当は別のことをやりたいんだけど、ママのために頑張るよ」と言うかもしれませんが、決してその先に子どもの幸せは存在しません。

子どもはペットではありません。親を喜ばせるために生まれてきたのではなく、自分の人生を生きるために生まれてきたのです。

そもそも努力というものは、自分の意志で自分の幸福追求のために行うものであって、自分以外の誰かのために行うものではありません。

そのことがわかった今ではこう思うのです。

東大を目指して高校を中退するという子どもの決断を認め、受験勉強で煮詰まっている私をパチンコに行かせてくれたうちの親は、すばらしい親だったな、と。

# 第六章

## 算数と国語を同時に伸ばすパズル

親子で宮本式パズルに挑戦してみましょう。

特に対象年齢を定めていませんが、目安としては、初級は小学校一、二年生〜、中級は三、四年生〜、上級は五、六年生です。
※お子さんが答えを出すまでは、絶対に正解を教えないでください。

# 初級
# 1

、

、

が

かけっこをしました。

「に勝った。」

「1位じゃなかった。」

「3位じゃなかった。」

それぞれ何位だったでしょう。

※P196～P219のパズルの解答はP220～P221にあります。

## 初級
## 2

、、が

イヌ　ネコ　サル

かけっこをしました。

「に負けた。」

「2位じゃなかった。」

「3位じゃなかった。」

それぞれ何位だったでしょう？

## 初級
## 3

イヌ
、
ネコ
、
サル
が

次のどこかの部屋に住んでいます。

| | | | | |
|---|---|---|---|---|
| 西 | １０１ | １０２ | １０３ | 東 |

「はとなりにいない。」

「がとなりにいる。」

「より東側に住んでいる。」

それぞれどの部屋に住んでいるでしょう？

## 初級
## 4

イヌ
、

ネコ
、

サル
が

次のどこかの部屋に住んでいます。

| | | | | |
|---|---|---|---|---|
| 西 | 101 | 102 | 103 | 東 |

「より西側に住んでいる。」

「がとなりにいる。」

「はとなりにいない。」

それぞれどの部屋に住んでいるでしょう？

## 初級
## 5

下の図はテーブルと四つのいすを上から見たものです。

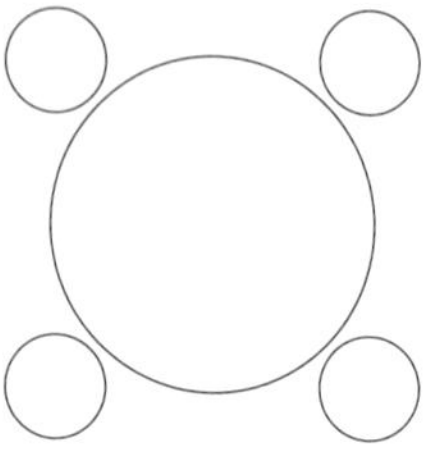

 イヌ、 ネコ、 サル、 ウサギが席に座りました。

「がとなりにいる。」

「はとなりにいない。」

「が右どなりにいる。」

「が向かいにいる。」

それぞれどの席に座ったでしょう？

席順をイヌから順に時計回りに答えなさい。

## 初級
## 6

下の図はテーブルと四つのいすを上から見たものです。

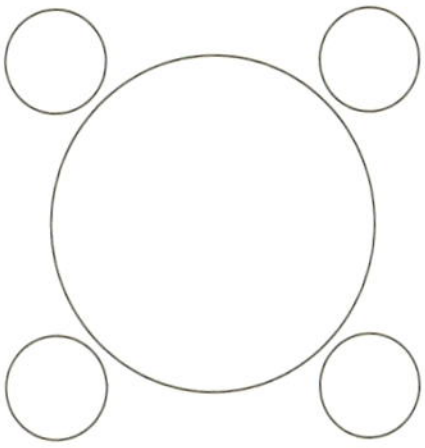

イヌ、ネコ、サル、ウサギが席に座りました。

「が向かいにいる。」

「はとなりにいない。」

「が左どなりにいる。」

「は向かいにいない。」

それぞれどの席に座ったでしょう？

席順をイヌから順に時計回りに答えなさい。

# 初級 7

、

、

がいます。

年は1才、2才、3才のどれかで、

好きな食べものは 

、

、

のどれかです。

年も好きな食べものも全員ちがいます。

「1才の動物の好きな食べものは  ではありません。」

「  は  より年下です。」

「2才の動物の好きな食べものは  です。」

「  の好きな食べものは  ではありません。」

「  は  より年上です。」

年と好きな食べものは
それぞれ何でしょう？

| | 年 | 好きな食べもの |
|---|---|---|
| イヌ | 才 | |
| ネコ | 才 | |
| サル | 才 | |

## 初級
## 8

イヌ、ネコ、サルがいます。

年は１才、２才、３才のどれかで、

好きな食べものはイチゴ、スイカ、メロンのどれかです。

年も好きな食べものも全員ちがいます。

「３才の動物の好きな食べものはではありません。」

「はより年下です。」

「１才の動物の好きな食べものはです。」

「の好きな食べものはではありません。」

「はより年上です。」

年と好きな食べものは
それぞれ何でしょう？

| | 年 | 好きな食べもの |
|---|---|---|
| イヌ | 才 | |
| ネコ | 才 | |
| サル | 才 | |

## 中級 1

イヌ、ネコ、サル、ウサギが

かけっこをしました。

「4位じゃなかった。」

「に負けた。」

「3位でも4位でもなかった。」

「に勝った。」

それぞれ何位だったでしょう？

## 中級
## 2

（イヌ）、（ネコ）、（サル）、（ウサギ）が

イヌ　ネコ　サル　ウサギ

かけっこをしました。

「に負けた。」

「2位じゃなかった。」

「1位でも3位でもなかった。」

「に勝った。」

それぞれ何位だったでしょう？

# 中級
# 3

イヌ、ネコ、サル、ウサギが

次のどこかの部屋に住んでいます。

| | | | | | |
|---|---|---|---|---|---|
| 西 | 101 | 102 | 103 | 104 | 東 |

「がとなりにいる。」

「より東側に住んでいる。」

「はとなりにいない。」

「はとなりにいない。」

それぞれどの部屋に住んでいるでしょう？

## 中級 4

、、、が

イヌ　ネコ　サル　ウサギ

次のどこかの部屋に住んでいます。

西 ←→ 東

| | 西 | 東 |
|---|---|---|
| 2階 | 201 | 202 |
| 1階 | 101 | 102 |

「が真下にいる。」

「はとなりにいない。」

「はとなりにいない。」

「より東側に住んでいる。」

それぞれどの部屋に住んでいるでしょう？

# 中級
# 5

下の図はテーブルと五つのいすを上から見たものです。

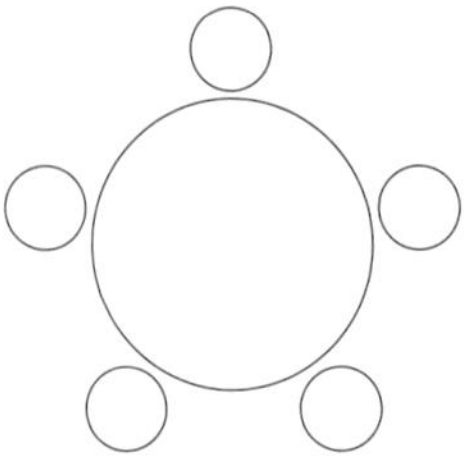

が

席に座りました。

「はとなりにいない。」

「がとなりにいる。」

「はとなりにいない。」

「はとなりにいない。」

「が左どなりにいる。」

それぞれどの席に座ったでしょう？

席順をイヌから順に時計回りに答えなさい。

## 中級
## 6

下の図はテーブルと五つのいすを上から見たものです。

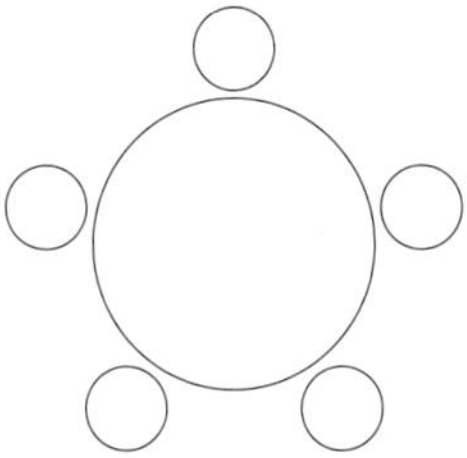

イヌ、ネコ、サル、ウサギ、ネズミ が

席に座りました。

「はとなりにいない。」

「がとなりにいる。」

「はとなりにいない。」

「はとなりにいない。」

「が左どなりにいる。」

それぞれどの席に座ったでしょう？

席順をイヌから順に時計回りに答えなさい。

# 中級
# 7

イヌ
、
ネコ
、
サル
、
ウサギ
がいます。

年は１才、２才、３才、４才のどれかで、好きな食べものは

イチゴ
、
スイカ
、
メロン
、
ミカン
のどれかです。

年も好きな食べものも全員ちがいます。

「はより２才年上です。」

「はより年下です。」

「の好きな食べものはです。」

「の好きな食べものはではありません。」

「２才の動物の
好きな食べものはです。」

「の好きな食べものは
ではありません。」

| | 年 | 好きな食べもの |
|---|---|---|
| イヌ | 才 | |
| ネコ | 才 | |
| サル | 才 | |
| ウサギ | 才 | |

年と好きな食べものは
それぞれ何でしょう？

# 中級 8

、

、

、

がいます。

年は１才、２才、３才、４才のどれかで、好きな食べものは

、

、

、

のどれかです。

年も好きな食べものも全員ちがいます。

「はより２才年上です。」

「はより年下です。」

「の好きな食べものはです。」

「の好きな食べものはではありません。」

「１才の動物の
好きな食べものはです。」

「の好きな食べものは
ではありません。」

| | 年 | 好きな食べもの |
|---|---|---|
| イヌ | 才 | |
| ネコ | 才 | |
| サル | 才 | |
| ウサギ | 才 | |

年と好きな食べものは
それぞれ何でしょう？

# 上級
# 1

イヌ、ネコ、サル、ウサギ、ネズミが

かけっこをしました。

「には勝ったけど、には負けた。」

「に負けた。」

「に勝った。」

「に勝った。」

「に勝った。」

それぞれ何位だったでしょう？

## 上級 2

イヌ、ネコ、サル、ウサギ、ネズミが

かけっこをしました。

「4位じゃなかった。」

「4位でも5位でもなかった。」

「に勝った。」

「に負けた。」

「には勝ったけど、には負けた。」

それぞれ何位だったでしょう？

# 上級
# 3

イヌ
、
ネコ
、
サル
、
ウサギ
、
ネズミ
、
ゾウ
が

次のどこかの部屋に住んでいます。

| | | | | | |
|---|---|---|---|---|---|
| 西 | 2階 | 201 | 202 | 203 | 東 |
| | 1階 | 101 | 102 | 103 | |

「はとなりにいない。」

「が真上にいる。」

「がとなりにいる。」

「がとなりにいる」

「が真下にいる。」

「より東側に住んでいる。」

それぞれどの部屋に住んでいるでしょう？

# 上級 4

イヌ、ネコ、サル、ウサギ、ネズミ、ゾウが

次のどこかの部屋に住んでいます。。

| | | | | |
|---|---|---|---|---|
| | 3階 | 301 | 302 | |
| 西 | 2階 | 201 | 202 | 東 |
| | 1階 | 101 | 102 | |

「より上の階に住んでいる。」

「がとなりにいる。」

「より東側に住んでいる。」

「すぐ下の部屋にが住んでいる。」

「はとなりにいない。」

「より東側に住んでいる。」

それぞれどの部屋に住んでいるでしょう？

上級
5

下の図はテーブルと六つのいすを上から見たものです。

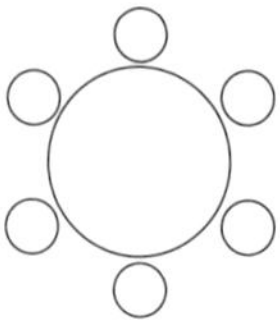

が

席に座りました。

「はとなりにいない。」

「がとなりにいる。」

「が向かいにいる。」

「が向かいにいる。」

「がとなりにいる。」

「が右どなりにいる。」

それぞれどの席に座ったでしょう？

席順をイヌから順に時計回りに答えなさい。

# 上級
# 6

下の図はテーブルと六つのいすを上から見たものです。

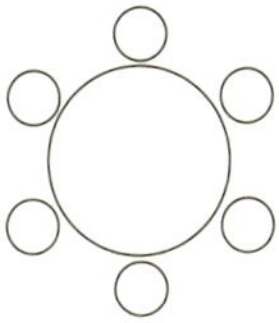

が

席に座りました。

「はとなりにいない。」

「が向かいにいる。」

「がとなりにいる。」

「は向かいにいない。」

「はとなりにいない。」

「が左どなりにいる。」

それぞれどの席に座ったでしょう？

席順をイヌから順に時計回りに答えなさい。

## 上級 7

イヌ、ネコ、サル、ウサギ、ネズミがいます。

年は1才、2才、3才、4才、5才のどれかで、好きな食べものは

イチゴ、スイカ、メロン、ミカン、モモのどれかです。

年も好きな食べものも全員ちがいます。

「5才の動物の好きな食べものはでも、でもありません。」

「はより3才年下です。」

「の好きな食べものはです。」

「はより2才年上です。」

「1才の動物の好きな食べものはです。」

「2才の動物の好きな食べものはではありません。」

「との年の合計は5才です。」

年と好きな食べものはそれぞれ何でしょう？

| | 年 | 好きな食べもの |
|---|---|---|
| イヌ | 才 | |
| ネコ | 才 | |
| サル | 才 | |
| ウサギ | 才 | |
| ネズミ | 才 | |

# 上級 8

イヌ、ネコ、サル、ウサギ、ネズミ、ゾウ がいます。

年は1才、2才、3才、4才、5才、6才のどれかで、好きな食べものは

イチゴ、スイカ、メロン、ミカン、モモ、ブドウ のどれかです。

年も好きな食べものも全員ちがいます。

「との年の合計はとの年の合計と同じです。」

「はより2才年下です。」

「の好きな食べものはではありません。」

「6才の動物の好きな食べものはです」

「との年の差は3才です。」

「2才の動物の好きな食べものはでもでもありません。」

「との年の合計は5才です。」

「はより2才年上です。」

「はより年上です。」

「3才の動物の好きな食べものはです。」

「1才の動物の好きな食べものは

でもでもありません。」

「4才の動物の好きな食べものは

ではありません。」

年と好きな食べものはそれぞれ何でしょう？

| | 年 | 好きな食べもの |
|---|---|---|
| イヌ | 才 | |
| ネコ | 才 | |
| サル | 才 | |
| ウサギ | 才 | |
| ネズミ | 才 | |
| ゾウ | 才 | |

# 解答

中級1
（1位、2位、3位、4位）
＝（ウサギ、サル、イヌ、ネコ）

中級2
（1位、2位、3位、4位）
＝（ウサギ、サル、ネコ、イヌ）

中級3

| 西 | | | | | 東 |
|---|---|---|---|---|---|
| | サル | イヌ | ウサギ | ネコ | |

中級4

| 西 | | | | 東 |
|---|---|---|---|---|
| | 2階 | イヌ | ウサギ | |
| | 1階 | ネコ | サル | |

中級5
イヌ→サル→ネズミ→ネコ→ウサギ

中級6
イヌ→ウサギ→ネコ→ネズミ
→サル

中級7

| | 年 | 好きな食べもの |
|---|---|---|
| イヌ | 4才 | メロン |
| ネコ | 2才 | イチゴ |
| サル | 1才 | スイカ |
| ウサギ | 3才 | ミカン |

初級1
（1位、2位、3位）
＝（イヌ、サル、ネコ）

初級2
（1位、2位、3位）
＝（ネコ、サル、イヌ）

初級3

| 西 | | | | 東 |
|---|---|---|---|---|
| | イヌ | サル | ネコ | |

初級4

| 西 | | | | 東 |
|---|---|---|---|---|
| | ネコ | イヌ | サル | |

初級5
イヌ→ネコ→ウサギ→サル

初級6
イヌ→ネコ→サル→ウサギ

初級7

| | 年 | 好きな食べもの |
|---|---|---|
| イヌ | 1才 | スイカ |
| ネコ | 2才 | メロン |
| サル | 3才 | イチゴ |

初級8

| | 年 | 好きな食べもの |
|---|---|---|
| イヌ | 1才 | スイカ |
| ネコ | 3才 | メロン |
| サル | 2才 | イチゴ |

上級7

| | 年 | 好きな食べもの |
|---|---|---|
| イヌ | 4才 | モモ |
| ネコ | 5才 | メロン |
| サル | 1才 | ミカン |
| ウサギ | 3才 | スイカ |
| ネズミ | 2才 | イチゴ |

上級8

| | 年 | 好きな食べもの |
|---|---|---|
| イヌ | 3才 | ブドウ |
| ネコ | 4才 | イチゴ |
| サル | 6才 | メロン |
| ウサギ | 5才 | モモ |
| ネズミ | 2才 | スイカ |
| ゾウ | 1才 | ミカン |

中級8

| | 年 | 好きな食べもの |
|---|---|---|
| イヌ | 2才 | スイカ |
| ネコ | 3才 | メロン |
| サル | 4才 | ミカン |
| ウサギ | 1才 | イチゴ |

上級1

（1位、2位、3位、4位、5位）
＝（ウサギ、ネズミ、イヌ、サル、ネコ）

上級2

（1位、2位、3位、4位、5位）
＝（サル、ネズミ、ネコ、ウサギ、イヌ）

上級3

西 ← → 東

| | | | |
|---|---|---|---|
| 2階 | サル | ネズミ | イヌ |
| 1階 | ネコ | ゾウ | ウサギ |

上級4

西 ← → 東

| | | |
|---|---|---|
| 3階 | イヌ | サル |
| 2階 | ネズミ | ウサギ |
| 1階 | ネコ | ゾウ |

上級5

イヌ→ウサギ→サル→ネズミ
→ネコ→ゾウ

上級6

イヌ→ネズミ→ネコ→ウサギ
→サル→ゾウ

# あとがき

読み物の本を今までに二冊（『強育論』、『超強育論』共にディスカヴァー・トゥエンティワン）出させていただきました。自分の書きたいことはこの二冊に全て書ききったつもりでいました。

今回の「読み物を書いてください」という依頼に「もう書くことがないなあ」と困っていたところ、担当の中西彩子さんから目次案を提示され、「これなら新しいことができるかもしれない」と思い、お受けすることにしました。

ただ全てをひとりで書く自信がなかったので、ライターの長野伸江さんにご協力いただくことになり、四時間を超えるロングインタビューを何回も受けました。

様々な質問に答えているうちに新たな発見がいくつもあり、とても有意義で楽しい時間を過ごすことができました。私の話をここまでまとめてくださった長野さんには心から感謝します。

しかし、今までの本は全てひとりで書いたものだったので、若干の違和感を覚えました。なんとかして自分の本にしようと思い、原稿と格闘し続けましたが、何をどうしても自分の本にはなりませんでした。

「これは無理だ！」と投げ出したくなりましたが、中西さんが辛抱強くお付き合いくださり、何度も何度も読み合わせの時間を作ってくださいました。

「ここの表現はこう変えよう」「この部分は削除しよう」「ここに文章を追加しよう」という作業を繰り返しているうちに少しずつ私の本になっていきました。原稿と闘うのではなく、原稿と対話するようになったのです。

そんなわけで、いつもの私の文体とは少々異なりますが、これは間違いなく私の本です。今回、貴重な経験をたくさんさせていただきありがとうございました。

本書がきっかけで、つらい勉強から解放され、算数好きな子、国語好きな子が少しでも増えてくれると、とても嬉しく思います。興味のないものは得意になりませんし、得意になる必要もありません。お子さんのためにぜひ楽しい家庭と楽しい学習環境を作ってあげてください。

宮本哲也

## 宮本哲也　みやもと・てつや

1959年生まれ。早稲田大学第一文学部演劇学科卒業。大手進学塾を経て、1993年、宮本算数教室を設立。無試験先着順にもかかわらず、その独自の指導法により、最終在籍生徒のほとんどが開成、麻布、栄光、筑波大附属駒場、桜蔭などの最難関中学に進学という実績をあげている。『強育論』『超強育論』『強育パズル』（ディスカヴァー・トゥエンティワン）、『賢くなるパズル』（学習研究社）、『合格パズル』（東京出版）他著書多数。



編集協力　長野伸江
校正　鷗来堂
制作　苅谷直子　粕谷裕次　後藤直之
宣伝　浦城朋子
販売　山岡秀雄
編集　中西彩子

**算数と国語を同時に伸ばす方法**

2014年2月2日　初版第1刷発行
2014年4月7日　第3刷発行

著者　宮本哲也
発行者　森田康夫
発行所　株式会社小学館
〒101-8001　東京都千代田区一ツ橋2-3-1
電話　編集　03-3230-5170　販売　03-5281-3555
印刷所　萩原印刷株式会社
製本所　株式会社若林製本工場





ISBN 978-4-09-840148-2